Georg Ebers

Antike Portraits - die hellenistischen Bildnisse aus dem Fajjum

Georg Ebers
Antike Portraits - die hellenistischen Bildnisse aus dem Fajjum
ISBN/EAN: 9783743404335
Hergestellt in Europa, USA, Kanada, Australien, Japan
Cover: Foto ©ninafisch / pixelio.de

Georg Ebers

Antike Portraits - die hellenistischen Bildnisse aus dem Fajjum

Antike Portraits

Die hellenistischen Bildnisse

aus dem Fajjûm

untersucht und gewürdigt

von

Georg Ebers

LEIPZIG

Verlag von Wilhelm Engelmann

1893.

Der Verfasser unterzog sich im Frühling 1888 der dankbaren Aufgabe, einem grösseren Kreise von Freunden der Kunst und des Alterthums die nach Europa gelangten Proben altgriechischer Portraitmalerei vorzuführen, mit denen ein glückliches Ungefähr ihn vor den anderen Fachgenossen vertraut gemacht hatte, und diese Bildnisse verdienten es in der That, der Berücksichtigung nicht nur der Archäologen und Kunsthistoriker, sondern aller Freunde der Malerei und ihrer Geschichte empfohlen zu werden; denn sie füllen eine Lücke in eben dieser Geschichte aus und sind nicht nur kunsthistorische Curiosa, sondern zum Theil echte und rechte, so ansprechende wie interessante Kunstwerke, die dem Schönheitsgefühl nicht weniger bieten als dem Sinn für culturgeschichtliche, ethnographische und, wenn der Ausdruck erlaubt ist, völkerphysiognomische Forschung.

Die Erwartung, der ich vor einem Lustrum Ausdruck gab, die Specialforscher würden den Gegenstand, auf den ich sie damals hingewiesen hatte, ohne Zweifel mit mir einer näheren Prüfung unterziehen und die Künstler diesen merkwürdigen Bildnissen freudige Ueberraschung, einen höchst eigenartigen Genuss und vielleicht auch einige Belehrung danken, ist längst in Erfüllung gegangen. Berufene Gelehrte. Alterthumsforscher und Anthropologen in Deutschland, Frankreich, England, Holland und Dänemark haben an diese merkwürdigen Denkmäler eingehende Betrachtungen geknüpft, die meine Annahmen theils bestätigen, theils neu beleuchten oder auch in einzelnen Fällen bekämpfen, und die Maler, die sie studirten, haben nicht nur das alte „Alles dagewesen" vor dem inneren Ohr erklingen hören und erfahren, wie nahe die Ur-Urahnen ihren eigenen Leistungen kamen, sondern auch von ihnen gelernt. Die Echtheit dieser merkwürdigen Denkmäler, für die ich 1888 nach der sorgfältigsten Prüfung aller Umstände eintrat, ist längst ausser Frage gestellt.

Schon früher hatten wir auf die in ägyptischen Gräbern aus nachchristlicher Zeit gefundenen Todtengewänder hingewiesen, die unsere Kenntniss des Costüms und der textilen Kunst in jener Epoche so merkwürdig bereichern sollten, sowie auf ihre vorzügliche wissenschaftliche Behandlung durch Professor Karabacek. Ein Wiener Grosshändler, Herr Theodor Graf, war es, der sie neben den so lehrreichen Fajjûm-Papyri, die den Grundstamm der Sammlung des Erzherzogs Rainer bilden, und den Tafeln von Tell el-Amarna (zum grössten Theil in Berlin), die für die Geschichte, die Sprache und den Völkerverkehr im alten Orient so wichtig werden sollten, nach Europa führte, und derselbe betriebsame und für das Alterthum von lebendigem Interesse beseelte Mann, der in Aegypten eine Commandite seines Wiener Handlungshauses unterhält, wusste auch die zu behandelnde Denkmälergruppe an sich zu bringen.

Da ihn nun schon von der Schulbank her gute Freundschaft mit dem Verfasser verbindet, legte Herr Graf diesem seine neuerworbenen Schätze früher als anderen Collegen zur Ansicht vor. Zehn Bildnisse brachte er mir persönlich nach Vevey, in dessen milderem Klima ich den Winter 1887/88 verlebte, die anderen schickte er mir in photographischer, von Künstlerhand farbig retouchirter Nachbildung dorthin, und ich kann wohl sagen, dass jede seiner Sendungen mir eine neue, meist angenehme, oft köstliche Ueberraschung gewährte. Jetzt sind mir all seine Portraits und mit ihnen ebenso viele Menschentypen von wunderbar individuellem Ansehen längst bekannt und vertraut. Daheim setzte ich das in Vevey begonnene Studium dieser merkwürdigen Denkmälergruppe fort und gedenke hier mitzutheilen, was meine Forschungen über die Stätte der Herkunft unserer Bildnisse, die gleichartigen Monumente, denen sie angereiht werden müssen, die Zeit und den Culturkreis, denen sie die Entstehung verdanken, sowie die Beschaffenheit der einzelnen Portraits ergaben.

Die Fundstätte der Bilder.

Ueber den Fundort unserer Kunstwerke wussten die Graf'schen Agenten wenigstens ungefähre Auskunft zu ertheilen. Wie die jüngst so berühmt gewordenen Papyri, stammen sie sämmtlich aus dem heutigen Fajjûm, der gesegneten, von einem Nilzweige und seinen zahlreichen Ausläufern bewässerten grossen Oase, die jenseit des libyschen Höhenzuges im Westen des ägyptischen Fruchtlandes die Felder und Gärten zwischen dem 29. und 30. Grad nördl. Breite ausdehnt. Gegenwärtig leitet eine Zweigbahn, die bei Wasta den nach Oberägypten führenden Schienenweg verlässt, in das Herz dieser durch seine Zuckerrohr-, Gemüse-, Rosen- und Obstcultur berühmten Provinz,*) in der auch der Oelbaum vorkommt, der im eigentlichen Nilthal nur selten gedeiht und gepflegt

---

*) Die Eisenbahn führt nach Mēdinet el-Fajjûm und von dort durch das Fruchtland bis zur Zuckerfabrik von Abuksa.

wird. Die Hauptstadt der Oase, Médinet el-Fajjûm, liegt unweit der Trümmerstätte des alten Krokodilopolis, das unter den Ptolemäern den Namen Arsinoë empfing und in jüngster Zeit durch die unter seinen Trümmern entdeckten Papyrusfragmente eine Auferstehung feierte, die sich, wenn sie auch auf ganz anderem Wege erfolgte, mit der Pompejis recht wohl vergleichen lässt; denn wenn dies durch Spaten und Hacke der Vergessenheit entrissen wurde, machte uns der Fleiss und Scharfsinn der Entzifferer halb zerstörter Steuerlisten, Rechnungsbücher und dergleichen mit jenem so vertraut, dass wir nicht nur von seinen Strassen, Plätzen und öffentlichen Gebäuden, sondern auch von der Zahl, den Namen und dem Besitze der Bewohner seiner einzelnen Häuser Kunde besitzen. Wie ein offenes Buch liegen viele Regungen des Lebens seiner Bürger vor uns, und Rechnungen verschiedener Art lehren, zu welchen festlichen und anderen Zwecken man die Einkünfte auch der Tempel verwandte.

Dies Arsinoë war unter den Ptolemäern eine ansehnliche griechische Colonie und noch unter den römischen Kaisern eine blühende Provinzialstadt, zweifellos die bedeutendste der gesammten Landschaft, und wenn wir das Fajjûm die Fundstätte unserer Bildnisse nennen hören, drängt sich ungerufen die Vermuthung auf, sie seien für verstorbene Bürger und Bürgerinnen von Arsinoë hergestellt worden. Aber die Graf'schen Agenten fanden sie bei Rubajjât in der Nähe von Roda, und suchen wir diese Stätte auf der Specialkarte des Fajjûm, so sehen wir, dass sie an 22 Kilometer von Arsinoë entfernt lag, und also die Bewohner dieses Ortes ihre Todten recht weit zu transportiren hatten, wenn sie in der That bei Rubajjât beigesetzt wurden. Aber die Beschaffenheit unserer Bilder lehrt, dass sie für die Bürger einer grossen Stadt gemalt wurden, und wenn wir auch sehen werden, dass die Arsinoïten ihre Todten in späterer Zeit wahrscheinlich auf einem weit näheren Platze beisetzten, müssen sie doch jedenfalls der alten Sitte gefolgt sein, die Leichen am Wüstenrande zu begraben, wenn dieser auch von ihrer mitten im Fruchtlande erbauten Stadt ziemlich weit entfernt lag. Dass man dies niemals benutzte, um Friedhöfe anzulegen und grosse funeräre Denkmäler darauf zu errichten, ist längst bekannt. Alle dem Todtencult geweihten Monumente stehen auf dem Boden der Wüste, und wo wir Felsengrüften begegnen, finden wir sie in den steinigen Hängen vegetationsloser Berge. — Zum Ueberfluss sagt eine Inschrift, die ein gewisser Arrian, vielleicht der Schüler Epiktets, auf griechisch in den grossen Sphinx bei den Pyramiden von Gise meisseln liess:

„Götter bildeten einst die weithin prangenden Formen,
Sorglich sparend des Felds Weizen erzeugende Flur."

Aber nicht nur um Aecker zu sparen, sondern auch weil das von dem Ueberschwemmungsnass berührte Fruchtland die Mumien, die doch vor allen Dingen conservirt werden sollten, aufgeweicht und zerstört hätte, wurden die Friedhöfe und was dazu gehört nur auf Wüstenboden angelegt. Es liegt also kein Grund vor, U. Wilcken*) zu widersprechen, wenn er Leichen aus dem entlegenen Arsinoë in den Gräbern von Rubajjât bestattet sein lässt. Dennoch wurden diese auch von den Bürgern eines anderen kleineren und unberühmteren Ortes, der Kerke (Κερκή) hiess und mit Arsinoë nur in lockerer Verbindung gestanden haben kann, da er zu einem anderen als dem arsinoïtischen Gaue gehörte, mitbenutzt, ein Umstand, der es nicht unmöglich macht, aber doch erschwert, in den Mumien von Rubajjât verstorbene Bürger von Arsinoë zu sehen; denn ein oft feindlicher Particularismus trennte die einzelnen Gaue. Allerdings wurden z. B. zu Abydos Leichen aus verschiedenen Nomen bestattet, wenn auch die oft erwähnte „Fahrt der Leiche nach Abydos" nur sinnbildlich zu verstehen ist. Es lehren aber auch mehrere der zu erwähnenden Mumienetiketten, dass Leichen aus Philadelphia, das auch im arsinoïtischen Gau lag, in dem memphitischen Kerke bestattet wurden. Es sind nämlich zusammen mit unseren Bildnissen hölzerne Täfelchen mit mehr oder weniger beschädigten Inschriften gefunden worden, die sämmtlich bestätigen, dass die Begräbnisstätte von Rubajjât zu dem Hafen oder Landungsplatze (ὅρμος) von Kerke**) gehörte, während auf der grösseren und der kleinsten ausdrücklich bemerkt wird, dass dieser sich innerhalb der Grenzen des memphitischen Nomos oder Gaues befand. Nicht Arsinoë, sondern Memphis war also die Hauptstadt, in der die auch für Kerke competenten Oberbehörden weilten, und diese politische Zugehörigkeit des Fleckens ist leicht verständlich, da Rubajjât, das wir als seine Nekropole zu denken haben, an einem Höhenzuge liegt, den man als natürliche Grenzscheide zwischen dem Fajjûm und dem memphitischen Gau betrachten darf. Schwer vereinbar mit der heutigen Beschaffenheit der hydrographischen Verhältnisse dieser Landschaft ist dagegen die Bezeichnung von Kerke als Hafen- oder Landungsplatz; denn Rubajjât liegt gegenwärtig in einer von der schmalen „Bats" genannten Wasserader und ihren Seitencanälen spärlich bewässerten Gegend; diese aber kommt aus dem Baḥr Jûssuf oder Josefscanal, der das gesammte Fajjûm mit Wasser versieht. Ob das von Linant de Bellefonds entdeckte und verzeichnete Wadi Wardane im Alterthum schiffbar war und Kerke zur Hafenstadt machte, ist nicht mehr zu entscheiden; — jedenfalls soll nach Stadler die jetzige Regierung beabsichtigen, es wieder für die Bewässerung der Provinz nutzbar zu machen. Dass wir von dem Canalnetze, das dem Fajjûm in früher

---

*) U. Wilcken, Die hellenistischen Portraits aus el-Faijûm. Jahrbuch des K. Deutschen archäologischen Instituts, Bd. IV, 1889, Heft I, S. 4.
**) 'Εν ὅρμῳ Κερκή — ist eher „in dem Hafen von Kerke" zu übertragen, als „in dem Hafenorte Kerke".

Zeit Fruchtbarkeit verlieh, nur noch geringe Spuren finden würden, war von vornherein zu erwarten, hat es doch schon seit den Aufnahmen der Ingenieure der französischen Expedition (Description de l'Égypte) bis vor wenigen Jahren, wie die Schweinfurth'sche Karte beweist, bedeutende Veränderungen erfahren. Die Kunde, dass Kerke bei dem heutigen Rubajjât ein Hafenort war, der, wie unsere Bildnisse lehren, immerhin eine ziemliche Bedeutung besessen haben muss, ist wohl geeignet, neues Licht auf die viel umstrittenen Bewässerungsverhältnisse des Fajjûm im Alterthum zu werfen. Vielleicht gehörte dies Kerke auch zu den älteren Städten des Landes; denn auf dem Höhenzuge in seinem Osten wurden die Trümmer einer Pyramide gefunden, die von Rubajjât in nicht ganz zwei Kamelstunden erreichbar ist und mit den Todtenfeldern von Memphis in keinerlei Zusammenhang steht. Ausser auf den mit unseren Bildnissen zusammen gefundenen Holztäfelchen*) geschieht Kerkes nur noch auf zwei bisher unpublicirten griechischen Ostraca Erwähnung, deren Mittheilung ich der Güte des Herrn Professor Wilcken verdanke, und die etwa acht Kamelstunden von Rubajjât am Berge Sedment, der das Fajjûm vom herakleopolitischen Gau trennte, entdeckt worden sind.**)

Unter den unseren Ort erwähnenden griechischen Inschriften ist die interessanteste diejenige, welche auf der zweiten der hölzernen Mumienetiketten von Rubajjât steht und nicht anders verstanden werden kann, als dass ein N. N., dessen Name leider verloren ging, nachdem er in dem Flecken (κώμη) Philadelphos gelebt, als Leiche nach dem Hafenort oder Hafen von Kerke geschafft worden sei, wo offenbar ein grösserer Begräbnissplatz bestand.

Bildnisssärge. Die Berliner Sammlung. Form der Gräber, und was sie lehrt.

Denkmäler, denen die unseren als gleichartig angereiht werden müssen, sind im weiteren Sinne zahlreich, im engeren selten.

Das Bildniss der Verstorbenen an den Gefässen, die der Mumie zur Aufbewahrung dienten, anzubringen, ist eine unter den heid-

*) Es sind Mumienetiketten gewesen.
**) In Zusammensetzungen wies derselbe Gelehrte den Namen Kerke noch in Kerkesouchos (Wohnung des Krokodilgottes Sebak) nach und ferner in dem Kerkasoros des Herodot II, 15, wo der Nil sich in den Pelusinischen und Kanobischen Arm theilen sollte. Die alte Erklärung „Zerschneidung des Osiris" hält nicht mehr stand. Der Name muss Kerkeusiris (Κερκεύσιρις) gelesen und „Wohnung des Osiris" erklärt werden. Zeitschrift für ägyptische Sprache und Alterthumskunde. Berlin 1883, S. 162.

nischen Aegyptern früh übliche Sitte; doch pflegte man in älterer Zeit den Mumienkästen das Portrait nicht aufzumalen, sondern es in plastischer Darstellungsweise am Kopfende des Sarges anzubringen. Auch die Hände sculptirte man gern aus, während der Leib die Gestalt der umwickelten Mumie empfing und in einem Stück, mit ungetheilten Beinen, die allerdings an der Stelle der Füsse eine Erhebung zeigen, auf dem Deckel des Mumienkastens ausgearbeitet wurde. Solche Särge bestehen aus Stein von verschiedenen Arten, aus Holz und am häufigsten aus jener Papiermachégattung, in deren Herstellung die Aegypter meisterliches Geschick besassen, und deren Form auch in den Nachbarländern solchen Beifall fand, dass sie z. B. von den Phöniziern angenommen wurde, wie die durch Renan nach Paris gebrachten phönizischen Sarkophage unter denen sich auch der berühmte des Königs Eschmunazar befindet, und die 1887 zu Saida (Sidon) entdeckten, beweisen. Auf den Papiermachésärgen dieser Gattung, die, wie wir später sehen werden, vom neunten Jahrhundert an eine besondere Ausbildung erfuhren, wurden die portraitartig gebildeten Züge der Verstorbenen farbig gehalten, doch wenn sich unter ihnen auch recht sprechende und individuell aufgefasste plastische Bildnisse finden, so sind sie doch sämmtlich in der übersymmetrisch flachen Weise dieses Zweiges der ägyptischen Plastik gebildet. Mumiengefässe wie die von Rubajját, an denen sich auf Leinwand oder Holz gemalte, nicht plastische Portraits an der Stelle des Gesichtes finden, sind dagegen selten. Zwei werden in der ägyptischen Sammlung zu Dresden, andere in dem Münzcabinet der Pariser Bibliothek und wieder andere (von Gayet publicirt) im Museum zu Bulaq bei Kairo conservirt.

In Berlin giebt es jetzt (unter den provisorischen Nummern 24 und 25) zwei zu sehen. Auch auf diesen sind die Bilder auf die Leinenhülle gemalt.

Uns beschäftigen diejenigen besonders, an denen das auf eine Tafel gemalte Bildniss der Verstorbenen an die Mumie befestigt wurde. Der in Berlin conservirten bemalten Leichentücher haben wir weiter unten zu gedenken.

Sechs einzelne Portraits der nämlichen Gattung wie die unseren erwarb das Louvre-Museum aus der Sammlung Clot-Bé's, andere das Londoner Nationalmuseum und wieder andere das Berliner Museum. Seit der englische Alterthumsforscher Flinders Petrie im Fajjûm Ausgrabungen vornahm, die eine ziemlich grosse Anzahl von Gesichtermumien zu Tage förderten, kamen auch mehrere den unseren ähnliche Portraits wiederum in das Museum von Bulaq, das Nationalmuseum zu London, das im Peel Park zu Manchester etc.

Da es uns leider nicht vergönnt war, vor dem Abschluss dieser Zeilen die Berliner Denkmäler dieser Gattung selbst zu besichtigen, hatte der ausgezeichnete Director der Berliner Sammlung, Herr .

Professor Erman die Güte, sie uns zu beschreiben. Sie besitzt vierundzwanzig Portraits, von denen mehrere noch an der Mumie haften und darunter sehr schöne. Besonders bemerkenswerth ist die No. 1, die einen kräftigen Mann mit Negerblut darstellt. Haar und Bart sind wollig, die Lippen wulstig. Der Ausdruck des Gesichtes ist etwas stupid und der Abgebildete trägt weder Gewand noch Schmuck. Dennoch ist das Portrait vortrefflich gemalt. Vielleicht war No. 1 der bevorzugte Diener oder Freigelassene eines Reichen, der es für ihn herstellen liess. Die No. 2 (noch an der Mumie und mit anderen 1892 von H. Brugsch ausgegraben) hat ein Gesicht von entschieden semitischer Bildung. Die Haut ist hell, das Haar tief schwarz und stark gelockt. Das Publicum giebt ihm jüdische Namen.

Unter den Graf'schen Portraits finden sich sechs männliche und zwei weibliche, deren Originale wohl Jedermann für Semiten ansehen wird. Unter den männlichen sind es No. 5, 6, 7 (dies aus anderen als physiognomischen Gründen), 20, 44, 49, unter den weiblichen No. 11 und 12.

Kehren wir zu den Berliner Portraits zurück! Besonders interessant ist die No. 7 und die zu ihr gehörende Gruppe, die im März 1892 von Professor von Kaufmann und seinen Begleitern, zu denen auch Major von Wissmann und Dr. H. Seidel aus Braunschweig gehörten, bei Hawâra ausgegraben wurde. Sie besteht aus der Mutter, dem Vater und drei Kindern: ein Baby, ein etwa dreijähriges und ein sechsjähriges Töchterchen. Die Mumie dieses kleinen Mädchens, die Dr. Seidel dem Museum schenkte, sowie die des Vaters tragen eine goldene Maske, die Mutter aber wurde auf einer Holztafel abgebildet, und der neben ihrer Leiche gefundene Grabstein enthält eine Inschrift.*) Die Dargestellte muss eine reiche prahlerische Frau gewesen sein. Das Publicum soll sie für eine aufgeputzte Schlächtersfrau halten; die sehr grossen Perlen an ihrem Halse beweisen aber, dass sie zu den höheren Ständen gehörte. Es hat ihr auch den Namen „Frau Aline" gegeben, und in der That hiess sie Ἀλινῆι (Alinëi) oder, wenn wir von dem ι am Ende absehen, Ἀλίνη (Aline).

*) Die Inschrift auf dem Grabsteine lautet:

ΑΛΙΝΗΙ	Ἀλινῆι	
Η ΚΑΙ ΤΕΝΩC	ἡ καὶ Τενώς	
ΗΡΩΔΟΥ ΧΡΗ	Ἡρώδου χρη-	
CTH ΧΑΙΡΕΠΟΛΛΑ	στὴ χαῖρε πολλὰ	
ΕΤΟΥC Ι ΛΕ L̄	ἔτους ι (δεκάτου)	λέ L(ἐτῶν 35)
ΜΕCΟΡΗ Z̄	μεσορή 7.	
	(ἡμέρα ἑπταία)	

Die Reconstruction der Data, die auch der Uebersetzung zu Grunde liegt, gab Herr Professor Wilcken.

Die Uebersetzung der Grabsteininschrift lautet:

Alinëi ('Ἀλινὴυ,?
die auch Τενώς (Tenōs) heisst,
Tochter des Herodes. O Du
Gute, leb' herzlich wohl!*)
Im Jahre 10. | 35 Jahre alt
am siebenten Mesore. |

Also: Im zehnten Jahre eines fraglichen Regenten oder Kaisers am siebenten des zwölften ägyptischen Monats Mesore, der vom 17. Juni bis 16. Juli des julianischen Jahres dauerte. Der siebente Mesore ist also der 22. Juni.

Die Verstorbene war sicher die Tochter eines Herodes. Weder der Name 'Ἀλινῆι noch der Beiname Τενώς kommt anderwärts vor; es giebt aber im hellenistischen Aegypten andere Eigennamen auf ῆι. Wir hatten zuerst an 'Ἀλίνη gedacht und dies für eine griechische Femininbildung des semitischen Namens 'Ali (hebräisch עלי) gehalten. Semitisch wäre das Femininum nur ʿAlîjat oder ʿAlîjah. Unser Name Aline ist die deutsche weibliche Form des arabischen ʿAli, der Hohe. Leider ergiebt diese Inschrift weder durch die Namen, noch durch das Datum etwas Näheres für die Zeit oder Stellung der Abgebildeten oder ihres Gatten. Vielleicht war auch sie von semitischer Herkunft. Das „im zehnten Jahre" muss sich doch wohl auf die Herrschaft eines römischen Kaisers beziehen. Uncialbuchstaben, wie die hier benutzten, erschweren die chronologische Bestimmung aus paläographischen Gründen. Die Güte der Malerei erklärt sich aus dem Reichthum der Dargestellten, die sich von einem hervorragenden Künstler portraitiren lassen konnte.

Die zwei Gesichtermumien des Berliner Museums entsprechen denen in Dresden und Bulaq. Bei den zu Achmim gefundenen und, soweit sie nicht in Staub zerfielen, zu Bulaq conservirten, wurden die Gesichter auf eine dünne Stucklage gemalt.

Wir gedachten schon hier dieser Denkmäler, um zu zeigen, wie man zur Zeit der Herstellung der Gesichtermumien der Verstorbenen gedachte, und um später, ohne uns zu unterbrechen, auf sie hinweisen zu können.

Ueber die Gräber von Rubajjât und wie sie gefunden wurden, wissen wir jetzt Näheres, da der Theil des Fajjûm, der sie umgiebt, und die Risse der einzelnen durch den deutsch-ägyptischen Ingenieur Stadler aufgenommen worden sind.

---

*) χρηστός ist eine häufige Anrede der Todten. Das πολλά ist eine Bekräftigung des χαῖρε. In Briefadressen kommt in ähnlicher Weise häufig vor: 'Ὁ δεῖνα τῷ δεῖνα πολλὰ χαίρειν.

Es ergiebt sich aus dieser Arbeit, sowie aus der Schweinfurth'schen Karte von 1886, dass der Bats-Canal, der vom Bahr Jûssuf oder Josefskanal ausgeht, Mêdinet el-Fajjûm, das alte Krokodilopolis (Arsinoë) in einem Bogen mit dem Birket el-Qerûn, dem grössten Binnengewässer der Landschaft, verbindet. Nachdem er sich einige zwanzig Kilometer nach Norden gewandt hat, erweitert er sich zu einem kleinen See, an dessen Nordende Tamie liegt. Am Südufer dieses Wassers erhebt sich das Dorf Roda und einen Kilometer weiter nach Südosten unser Rubajjât. Die Stätte, an der die Mumienportraits gefunden wurden, gehört nicht mehr zu den bestellten Fluren, sondern liegt ein gutes Stück weiter nach Osten, am Westabhang des kahlen Höhenzuges, der das Ackerland am libyschen (linken) Nilufer von dem des Fajjûm trennt. Dort giebt die Stadler'sche Karte eine grössere Trümmerstätte an, die doch wohl den Platz des alten Kerke bezeichnet. In ihrem Osten befindet sich die Nekropole, auf deren Gebiet die Graf'schen Bildnisse, Mumienhüllen und Etiketten entdeckt wurden.*) Die Vermuthung, sie seien in Felsengrüften gefunden worden, bestätigte sich nicht: denn man fand sie theils unter dem Sande der Todtenstadt, theils in Gräbern.

Die bemerkenswerthesten dieser Denkmäler waren also nicht in den Felsen gehauen, sondern in Freibau aufgeführt und der Bestimmung gewidmet, die Leichen einer Familie aufzunehmen. Stadler giebt architektonische Zeichnungen der drei am besten erhaltenen. — Zwei sind in rechten Winkeln erbaut, das dritte

---

*) Stadler's Bericht lautet: Sechs Kilometer südöstlich von diesem Dorfe (Rubajjât) begrenzt der zwischen dem Fajjûm und dem Nilstrome gelegene Wüstenstreif das Culturland der Oase... Wendet man sich nun südlich gegen das Innere dieses Wüstenstreifens, so entdeckt das geübte Auge die Ueberreste einer sehr ausgedehnten Stadt. Besonders giebt eine Unzahl zerbrochener Töpferscherben Zeugniss von ihrem ehemaligen Bestand. Verfolgt man dies Scherbenfeld in südlicher Richtung nach der die ganze Provinz begrenzenden Bergkette hin, so gelangt man in einer Entfernung von fünf Kilometer an die aufgedeckten Gräber, denen die Graf'schen Bilder entnommen wurden. Der Verfasser konnte noch einige andere an Ort und Stelle erwerben. Die erwähnten Gräber sind nicht in den Felsen gehauen, sondern auf den Sandboden der Wüste erbaut und zwar aus Kalkstein ohne jedes Bindemittel oder auch aus ungebrannten Backsteinen. Sie zeigen die verschiedenartigsten Formen und Eintheilungen. Zu ihrer Veranschaulichung diene der beigegebene Plan. Die Beduinen stiessen beim Suchen nach Salz auf eins dieser Gräber und mehrere vergoldete Sarkophage, die am Kopfende des Sargdeckels das Bild des Verstorbenen zeigten. Diese Portraits waren keineswegs auf den Sargdeckel selbst gemalt, sondern eingelassen, wahrscheinlich um das Gesicht des Todten durch Abhalten des Bildnisses zu jeder Zeit sehen zu können... Alle gefundenen Portraits (auch die von den später entdeckten Mumien) wurden den niederen Arbeitern als werthlos überlassen und von diesen zunächst an einen griechischen Antiquitätenhändler verkauft. Wohin die Särge, Kleider und Schmuckgegenstände der geplünderten Mumien kamen, ist und bleibt ein Geheimniss. Wahrscheinlich sind die Särge und Kleider verbrannt worden, um einer Entdeckung von Seiten der Behörden, denen das Gefundene hätte ausgeliefert werden müssen, vorzubeugen.

cylinderförmige hat natürlich eine kreisrunde Grundfläche. Zu dem Eingang der beiden ersten führte eine abseits leitende Stufenreihe. Bei 2 gelangt man sogleich in einen quadratischen Mittelraum, von dem auf jeder Seite, ausser der, in die die Treppe mündet, je zwei längliche Kammern mit Nebenräumen hier in der Mitte dort am Ende ausgehen. Bei 3 führt die Treppe in einen Gang, mit je sechs Kammern zur linken und rechten und drei am Ende. Die Oeffnung der letzteren ist dem Eingange zugekehrt. In das cylinderförmige Grab 1 führt ein Gang mit zwei rechteckigen Kammern an jeder Seite in eine Rotunde, von der aus strahlenförmig sieben Räume zur Aufnahme von Särgen ausgehen. Bei 2 und 1 sind die Kammern oben mit einem im Durchschnitt dreieckigen Spitzdache geschlossen. 1 und 2 bestehen aus Bruchsteinen, 3 aus ungebrannten Ziegeln. 2 hat Raum für zehn, 3 für fünfzehn und 1 für elf Leichen.

All diese Formen sind nicht altägyptisch. Wohl giebt es Felsengräber, die ähnlich wie 2 eingetheilt sind, bei keinem aber, ausser bei den von Maspero 1881 zu Saqqara entdeckten aus dem alten Reiche (in Freibau), sind die Kammern so schmal wie hier und für die Aufnahme einzelner Särge bestimmt, die in der Pharaonenzeit überhaupt in einem von den Gemächern der Gruft gesonderten Schacht abgestellt wurden. 3 erinnert in der Anlage an die Apisgräber zu Saqqara, doch waren diese in den Stein gehauen. 1 mit seiner kreisrunden Horizontaldurchschnittsfläche kommt im übrigen Aegypten nur an einer anderen Stelle des Fajjûm ähnlich vor. G. Schweinfurth entdeckte nämlich im Südwesten der Provinz, einige zwanzig Kilometer von Arsinoë und einige vierzig von Rubajjât entfernt, nordwestlich von Rharaq bei Medînet mâdi andere cylinderförmige Bauten, die drei bis vier Meter im Durchmesser und in der Höhe massen. Auch sie sind aus Kalksteinblöcken zusammengefügt und gleichen runden Thürmen. Leider war ihr Inneres so voll von Nilerde, dass Schweinfurth sie nicht untersuchen konnte. Er vermuthet, dass man sie zum Schutze des Grabes über die Oeffnung des verticalen Stollens gestellt habe. In unserer 1 gehen die für die Aufnahme der Särge bestimmten Räume in horizontaler Richtung, und der Durchschnitt des Cylinders ist doppelt so gross wie der der Rundthürme von Medînet mâdi. Waren es vielleicht runde Kornspeicher wie diejenigen, deren Inhalt der mathematische Papyrus Rhind zu berechnen aufgiebt?

Fragen wir uns nun, welchen Gräberformen sich die Mausoleen von Rubajjât am nächsten anschliessen, so lautet die Antwort: Einigen Felsengrüften, die sich in Palästina und Phönizien fanden. Zwar gab es in Rom Gräber in Freibau, die manchmal Raum für die Leichen eines ganzen grossen Geschlechtes lieferten, aber den Columbarien mit Nischen für sehr viele Aschenkrüge sehen die unseren auch nicht entfernt ähnlich, und wie die Gräber, denen man als „aeterna domus" die Gestalt eines Hauses oder eines Tempels gab, so auch die runden, unter denen das der Caecilia Metella, das noch dazu einen quadratischen Unterbau besitzt, das der Servilier, des Vergil und das Sepolcro rotondo zu Pompeji die bekanntesten sind, zeigen gleichfalls eine andere als die hier beliebte innere Eintheilung. Von griechischen Gräbern gilt das Gleiche. Sind nun auch die jüdischen und phönizischen Grüfte, deren wir gedachten, in den Felsen vertieft, so erinnert ihre innere Anordnung doch entschieden an das Innere der Freibauten von Rubajjât. Die Kammern in den letzteren gleichen an Aussehen durchaus den Kôkim in den jüdischen Felsengrüften, die Titus Tobler passend „Schiebgräber" nannte. Wir verweisen auf die Familiengruft der Königin Helena von Adiabene, die man jetzt „das Grab der Könige" und die Felsengräber, die man fälschlich „das Grab der Richter" nennt, so wie auf ein Grab bei Saida.

Im Ganzen boten die Gräber von Kerke, deren Riss uns vorliegt, nur Raum für 36 Mumien, und es sind Reste von Hunderten hier gefunden worden; es wäre also zu kühn, aus der innern Einrichtung der drei erhaltenen Mausoleen in Freibau auf die gesammte Nekropole, in der es eine Menge von zerstörten Grüften geben soll, zu schliessen und sie für einen jener Friedhöfe zu erklären, deren sich die Juden in der Diaspora zu bedienen pflegten, während Griechen und Römer im Allgemeinen ihre Todten nicht auf Gottesäckern begruben, sondern, waren sie reich genug, um ihnen Grabmäler zu errichten, diese vereinzelt, wo sie einen günstigen Platz dazu fanden, aufstellten. In Aegypten mögen sie sich der Sitte des Landes gefügt haben; es fällt uns aber schwer, zu glauben, dass Römer oder Hellenen Familienbegräbnisse mit jüdischer oder phönizischer Inneneinrichtung hätten herstellen lassen. Die Vermuthung, es wären in der Nekropole von Kerke von einigen reichen jüdischen oder phönizischen Familien, die zu den allervornehmsten gehören konnten, Erbbegräbnisse hergestellt worden, wird indess durch die Betrachtung der hier gefundenen Portraits kräftig gestützt; denn wir werden sehen, dass mehrere Menschen von semitischer Herkunft und wahrscheinlich auch ein Oberpriester des Ba'al oder doch sein Sohn zur Darstellung gelangten. Dass aber Bilder auf einem jüdischen Gottesacker und an semitischen Leichen vorkommen konnten, hat nichts Ueberraschendes, wenn man sich vergegenwärtigt, wie beflissen die alexandrinischen Israeliten waren, es den Griechen in jeder Hinsicht gleich zu thun. Auch findet sich in der jüdischen Katakombe, die im Rondaninischen Weingarten an der Via Appia zu Rom freigelegt wurde, ein reicher Bilderschmuck, unter dem es auch nicht an menschlichen Gestalten (Kinder, Jäger etc.) fehlt.

Das Gesagte soll nur darauf hinweisen, dass sich in der Nekropole von Kerke auch eine Reihe von Gräbern semitischer

Familien befunden zu haben scheint: die grosse Mehrzahl der anderen zerstörten Begräbnissstätten, die sich nach dem Stadler'schen Kärtchen auf dem Wüstenboden des Berges ziemlich weit nach Osten hinzogen, scheint von den hellenistischen Bewohnern des Fajjûm ohne Unterschied der Herkunft benutzt worden zu sein. Weitaus die meisten zeigen einen anderen als den semitischen Typus, und so lässt das Gesagte sich in dem Satze zusammenfassen: Die Nekropole bei Rubajjât wurde vorwiegend von hellenistischen Griechen benutzt, stand aber daneben auch, wie es scheint, den vornehmen semitischen Familien des Gaues zur Benutzung offen.

Die beiden Hauptgattungen der Gesichtermumien.
Aussehen. Herstellung. Beischriften.

Was von Mumienportraits vor dem Funde der Graf'schen, Flinders Petrie'schen und Berliner Portraits von solchen Bildern bekannt war, reichte jenen nicht das Wasser.

Die Dresdener, Pariser, Bulaqer etc. Gesichtermumien schliessen sich eng an eine Gruppe aus Rubajjât an; denn dort wurden neben denjenigen Leichenhüllen, auf deren Kopfende Holztäfelchen mit dem Portrait des Verstorbenen geklebt waren, auch solche gefunden, die ganz analog den Dresdener und Bulaqer Mumien das Bildniss der Leinwand selbst aufgemalt zeigen. 1888 hatte sich noch keine einzige der zu Rubajjât bestatteten Leichen unverletzt gefunden: denn sie waren theils in alter, theils in neuer Zeit zerstört und geplündert worden. Man hatte die meisten Holzbilder von den Leichen gerissen und ausser Zusammenhang mit ihnen aus dem Sande gezogen, jetzt aber gestatten nicht nur die oben erwähnten, sondern auch mehrere gleichfalls im Fajjûm gefundene Mumien, von denen die meisten durch Flinders Petrie nach England kamen, sowie einige durch spätere Ausgrabungen nach Berlin und in Besitz des Herrn Graf gelangte, uns ein zutreffendes Bild von ihrem Aussehen im unverletzten Zustande zu bilden: Herr Graf sandte mir auch zwei leinene Mumienbekleidungen von Rubajjât, die denen von Dresden, Bulaq und Berlin entsprechen. Beide gleichen im Ganzen den Mumienkästen von Papiermaché aus der Pharaonenzeit, nur ist Alles, was sich auf diesen plastisch erhebt, auf jenen gemalt. Eine dicke Leinwandschicht umgiebt wie ein Deckel den oberen Theil der Mumie, auf deren Kopfende sich das Gesicht des Verstorbenen in farbiger Darstellung findet; auch Hände und Füsse hat man auf diejenigen Stellen gemalt, wohin sie gehören. In der rechten Hand der männlichen Dresdener „Gesichtermumie" sieht man einen Libationskrug, in der linken eines von jenen Blumengewinden,*) die wir auch auf unseren Portraits einigemal wiederfinden. Auf der Grafschen No. 9 trägt eine Frau, gerade wie die Dresdener Mumie, in der Rechten, wenn auch keinen Krug, so doch einen Becher. Der Kopf der Dresdener männlichen Mumie scheint auf einem bläulichen Tuche zu ruhen, und an seiner Seite hat der Maler die roth und goldene Todtenbinde dargestellt, der wir auf unseren Holzportraits wieder begegnen werden, und ausserdem einige von jenen Blumen, mit denen man zu Dêr el-Bahri mehrere Mumien in Wirklichkeit geschmückt fand, und die sich so wohl erhalten hatten, dass sie Schweinfurth botanisch zu bestimmen vermochte. Auch das Gewand des Verstorbenen ist mit Farben angedeutet, doch nur bis zu der Stelle der Brust, wo die Hände liegen, und hart über den mit Sandalen versehenen Füssen. Der Leib und die Beine sind mit einer völlig steifen, in Felder getheilten Hülle mit vielen stark vergoldeten Zierrathen bedeckt, die wohlbekannte heidnisch-ägyptische Figuren darstellen, denen man magische Wirkung zuschrieb, und die jene corrumpirte Form zeigen, die sie oft tragen, wenn sie einer späten Zeit den Ursprung verdanken.**)

Die Acten des Dresdener Museums, deren Einsicht Herr Director Treu mir gütigst vermittelte, lehren, dass die Dresdener Gesichtermumien, zwar nicht aus Rubajját-Kerke, aber doch gleichfalls aus dem memphithischen Nomos stammen; denn Pietro della Valle hat sie 1615 „aus den Hypogäen von Saqqara gezogen". Ebendaher stammen, wie Gaston Maspero mir freundlich mittheilte, auch die von Bulaq. Sie wurden mit mehreren anderen zusammen gefunden, die aber beim Transport in Staub zerfielen.

Die Gesichtermumien von Achmim bilden eine besondere Gattung. Auf dem Stuck, der sie umgiebt, sind die Männer in der Toga und mit Blumen oder einem Oelzweig am Haupte, die Frauen mit Tunica, Peplos und Lederschuhen gemalt.

---

*) Solche scheinen doch gemeint zu sein. Wir werden durch ein pompejanisches Bild veranlasst, sie eher dafür, als für eine Wollbinde zu halten. Wir meinen das reizende Gemälde mit den Blumen und Eroten bei F. und F. Niccolini, Le case ed i monumenti di Pompeji. Pantheon. Tav. III, 3. Helbig, Wandgemälde der Städte in Kampanien No. 799. Niccolini nennt die länglichen Blumengewinde, die wir meinen, „treccie di fiori".

**) Genau zu der gleichen Kategorie gehören die beiden Mumien mit aufgemalten Gesichtern, Händen und Füssen, die als No. 5613 und 5614 zu Bulaq conservirt werden und deren gute Nachbildung in Farbendruck sich als Tafel A und B in Gayets Monuments coptes findet — Mission archéologique française au Caire. Tome III. Paris 1889, — sowie die Berliner No. 24 und 25. Die Bildnisse sind bei dieser auf mit kleinen goldenen Ornamenten bedeckten Leinenhülle gemalt. Ueber 25 theilt uns Professor A. Erman brieflich mit: „Junge Frau mit reichem Schmuck. Die rechte Hand hält ein goldenes Geräth, die linke spielt mit ihren Halsketten, die sie um die einzelnen Finger schlingt. Etwas steif, aber sehr hübsch."

Die Herkunft der Berliner No. 24 und 25 ist unbekannt; dagegen stammt auch eines der Londoner Portraits sicher aus Memphis. Von den im Louvre conservirten Bildern nahm man in Folge einer Notiz Champollion's an, dass sie Mitglieder der Familie des Pollius Soter, eines Archonten von Theben, der zur Zeit des Hadrian lebte, zur Darstellung brächten, doch hat U. Wilcken bewiesen, dass diese Portraits gar nicht von den gleichfalls in Paris conservirten sechs Särgen stammen, in denen thatsächlich Mitglieder der Familie dieses angesehenen Herrn beigesetzt gewesen waren, der uns sammt den Seinen durch griechische Inschriften wohl bekannt ist. Diese Bildnisse gehören also keineswegs so sicher wie jene Särge, mit denen sie gar nichts zu thun haben, in die Zeit des Hadrian, und man darf sie nicht zu chronologischen Bestimmungen benutzen. Dagegen besitzt das Berliner Museum zwei Särge, auf deren Boden das Bild je eines kleinen Mädchens in ganzer Figur gemalt ist. Diese Portraits stellen zwei Töchter jenes Soter dar, und sie gehören also gewiss in das zweite Jahrhundert nach Christus.

Viel häufiger als die Mumien mit aufgemalten Bildern waren die mit Portraittafeln versehenen. Der Laie möge sie sich vergegenwärtigen, indem er sich der mittelalterlichen Grabsteine erinnert, auf deren Deckel oder Fläche die Gestalt eines gepanzerten Ritters oder eines Prälaten ruht. Denkt er sich diese, statt mit dem Meissel ausgehauen, aufgemalt und nur das Gesicht und oftmals auch die Hände sorgfältig ausgeführt, während der Leib durch eine dichte Verhüllung den Blicken entzogen wird, so hat er das vor sich, was wir einen Mumiensarg nennen. Ganz fremd ist diese Kunstform auch unserer Zeit nicht geworden; denn während z. B. in dem herrlichen Mausoleum von Charlottenburg Rauch's Meisterhand ein edles Königspaar wie auf dem Ruhebett rastend aus dem Marmor schlug. begegnete uns in der Capelle der heiligen Katharina im Kloster der Erscheinung am Fusse des Sinai ein silberner, als Geschenk des Zaren in St. Petersburg für die Aufbewahrung der Gebeinreste der genannten Märtyrerin hergestellter Sarg, auf dessen Deckel ihre schlummernde, lang ausgestreckte Gestalt zu sehen ist. Das Gewand und manches Beiwerk ist in plastischer Weise aus dem Edelmetall getrieben, während Antlitz, Arme und Hände mit Emailfarben den flachen Stellen aufgemalt sind, wohin sie gehören. Aehnlichen Heiligenbildern soll man häufig in Russland begegnen. Bei den Gesichtermumien von Rubajjât findet sich da, wo man das Anlitz des Verstorbenen zu suchen hat, eine Holzplatte mit seinem Portrait. Das Graf'sche Bildniss No. 1 und die Mumie No. 94 (Seite 17) lehren, wie man die Portraits befestigte. Man klebte sie auf die Umhüllung der Leiche und schlug, um das Herabfallen völlig. unmöglich zu machen, einen Streifen Leinwand wie einen Rahmen um den Rand des Portraittäfelchens her. Darauf befestigte man den Rahmen mit einem Klebestoff erst an das Holz und dann an die Mumie.

Das Pariser Bild der Tochter des Dioskoros*) zeigt, wie man die Portraits mit Ornamenten umgab, um sie mit den übrigen Zierrathen an der oberen Mumienseite gleichsam in Einklang zu bringen.

Seitdem diese Zeilen geschrieben wurden, haben sich nun auch jene oben erwähnten unverletzten Gesichtermumien gefunden, die uns gestatten, sie nicht nur mit Hülfe von Ergänzungen, sondern mit ihnen selbst vor Augen zu beschreiben: Die im Besitz des Herrn Graf befindliche (siehe die Abbildung No. 94) ist so kunstreich mit Binden umwickelt, dass diese Vierecke zu bilden scheinen, die der Oberfläche der Mumie das Ansehen eines cassettirten altrömischen Plafonds verleihen. Die Kanten der Cassetten werden indes von den Horizontalstreifen der Binden gekreuzt. Leinwandstücke halten die Tafel mit dem Portrait fest, doch benutzte man auch Asphalt und andere Klebemittel, um sie vor dem Sichablösen zu schützen. Schweinfurth war Zeuge, wie Flinders Petrie Gesichtermumien bei Hawāra aus dem Sande hervorzog und auf mehreren die Portraits statt nur von Binden mit wirklichen Rahmen umgeben fand. Diese bestanden aus einer cartonartigen Masse, die man stark vergoldet, und die bald geschlossen oval, bald hufeisenförmig war.**)

Unter ihnen mag sich die gleichfalls von Petrie ausgegrabene Mumie befunden haben,

Graf'sche Mumie mit dem Portrait. No. 91.

---

*) Dieses Bildniss hat sich in merkwürdiger Weise zusammengefunden, da die eine Hälfte ursprünglich in London, die andere zu Paris conservirt worden war.

**) Auch an der Berliner sehr schönen No. 1, die einen kräftigen Mann mit Negerblut darstellt (ohne Gewand und Schmuck) haftet das Bildniss noch an der Mumie. Ebenso bei No. 3, junger Mann mit Anflug von Bart. Der Gruppe die Herr Jesse Howorth dem Peel Park Museum zu Manchester verehrte. Diese unbeschädigte Mumie ist mit einer gelben, an vielen Stellen noch immer stark vergoldeten Cartonnage bekleidet, und an der Stelle des Gesichtes findet sich das ähnlichen Graf'schen Bildern entsprechende Portrait des Verstorbenen, eines 13 bis 14jährigen Knaben mit dunklem Lockenhaar, starken schwarzen Augenbrauen und vollen Lippen. Es ist mit einem Bilderrahmen im modernen Sinne umgeben, der die Befestigung an die Mumie zu verdecken bestimmt war. Auf ihm sind in erhabener Arbeit und reicher Vergoldung als ornamentaler Schmuck Weinranken und Trauben zu sehen. Wir werden auf ihn und die Figuren zurückkommen, die auf der vergoldeten Cartonnage dieser und anderer Gesichtermumien zu sehen sind.

Viele dieser Mumien waren, um sie vor Verwechselung zu schützen, mit Etiketten versehen, in die Nekropole gesandt worden. Mehrere dieser hölzernen Täfelchen sollen sicher aus Rubajjât stammen. Etliche andere kamen in die Sammlung des Erzherzogs Rainer nach Wien, 25 wurden von Le Blant (Revue Archéol. Nouv. Ser. 28, 29) veröffentlicht.

Auf ihnen hat sich mancher Name eines mumisirten hellenistischen Aegypters erhalten, auf den Leichnamen selbst fanden sich indes bis jetzt nur aufgeschriebene Worte. Den semitischen Namen auf der Graf'schen No. 7 werden wir später zu berücksichtigen haben. Diejenigen, welche sich auf dem Grabsteine finden, den man mit der Berliner No. 7 aus dem Sande zog, kennen wir; ein anderer griechischer findet sich neben dem zerbrochenen Bilde No. 95. Dort steht neben dem Halse eines Knaben, von dem nur ein Drittel des Gesichtes mit dem linken Auge erhalten blieb: $A\Sigma K\Lambda H\Pi IA\Lambda H(\Sigma)$ das ist Ἀσκληπιάδης (Asklepiades) und darunter $L\bar{H}$ εὔψυχι, das ist: „acht Jahre alt. Frischen Muth!" Im Ganzen: „Asklepiades, acht Jahre alt. Frischen Muth!" Das Schluss-Sigma des Namens Asklepiades ist halb zerbrochen, doch muss es wohl ergänzt werden. Der Dargestellte ist trotz der Kette am Halse ein Knabe. Stünde nur Ἀσκληπιάδη da, müsste das als Vocativ des Männernamens Asklepiades aufgefasst werden. Wilcken setzt die Schrift in das zweite Jahrhundert nach Christus. Die geringe Qualität des Bildes liess von vornherein diese Bestimmung erwarten. Das auf den Dresdener Mumien erhaltene Wort ist dasselbe, dem wir auf No. 95 hinter dem Namen Asklepiades begegneten. Es ward nur als frommer Abschiedsgruss eines Hinterbliebenen auf die linnene Leichenhülle geschrieben. Es darf nach vielen Analogien nicht

---

Frau Ἀλίνη (Berliner No. 7), des Gatten und der Kinder 8—9 haben wir (S. 9 und 10) gedacht. Die sechsjährige Tochter und der Gatte der von dem Berliner Publikum „Frau Aline" genannten reichen hellenistischen Aegypterin hatten statt der Portraits eine goldene Maske. In der Nekropole von Hawâra gefunden.

anders gelesen werden als $εὐψύχι = εὐψύχει$ und wurde von den Griechen in Aegypten gerade so benutzt, wie von den anderen Hellenen das bekannte $χαῖρε$. Des guten Muthes voll zu bleiben, den Kopf oben zu behalten, ruft es den verstorbenen Heiden und später auch den dahingegangenen Christen zu, unter den ersteren auch der oben erwähnten Tochter des Dioskoros, deren Pariser Bildniss die Inschrift trägt: $Διοσκόρου$ $εὐψύχι$, die Tochter des Dioskoros, frischen Muth! Selbst in der Fremde behielten hellenistische Aegypter die heimische Form „eupsychi" statt „eupsychei" bei, wie die Grabschrift eines zu Mytilene bestatteten Alexandriners beweist.

Beschaffenheit der Bilder, was sie darstellen und wie sie mit den Mumien in Verbindung kamen.

Die Beschaffenheit unserer Bildnisse ist im ganzen die gleiche, ihr Kunstwerth dagegen ein ausserordentlich verschiedener. Sie sind bald auf dünnere bald auf stärkere Holzplättchen gemalt. Die dicken bestehen meist aus Sykomoren-, die dünnen aus Cypressenholz. Sie sind nicht gesägt, sondern mit einem hackenartigen Beil zugehauen, wie man es auf den Denkmälern und auch noch im heutigen Aegypten thun sieht. Die meisten sind 0,30 bis 0,40 Meter hoch und ungefähr 0,18 Meter breit. Mehrmals ist die Holztafel auch mit Leinwand beklebt und erst auf dieser das Bild hergestellt worden.

Was die Malerei selbst angeht, so wurde sie hier mit Wachsfarben in enkaustischer Manier, dort a tempera und dort halb enkaustisch, halb a tempera ausgeführt. Ueber die Enkaustik und die Methode ihrer Verwendung wussten wir bis dahin nur wenig, ja die sonst tüchtigen Forscher Henry Cros und Charles Henry hatten die Nachrichten über diese Manier der Malerei, die sich bei den Alten finden, unrichtig aufgefasst, und ihre Irrthümer sollten weite Verbreitung finden. Erst Donner von Richter — selbst ein geschätzter Maler — kam dem bei der Enkaustik geübten Verfahren auf den Grund und stellte sogar Bilder mit Hülfe derselben her. Wir verweisen auf seine vortrefflichen Schriften, die uns das Eingehen auf diese Frage ersparen.*) Es sollten durch die Enkaustik

---
*) Otto Donner von Richter. Ueber Technisches in der Malerei der Alten, insbesondere in deren Enkaustik. Praktische und chemisch-technische Mittheilungen für Malerei, Farbentechnik etc. von A. Keim in München, 1885, No. 10 ff. und von demselben: Die enkaustische Malerei der Alten, Allgem. Zeitung, Beilage 1888, No. 180.

die Farbentöne grössere Leuchtkraft und die Gemälde eine Dauerhaftigkeit erlangt haben, die allerdings, wie unsere Portraits lehren, unserer Oelfarbentechnik in weit geringerem Maasse eignet.

Einige neunzig Portraits umgeben uns. Die meisten sind Brustbilder ohne Hände, auf etlichen wurden indess auch diese zur Darstellung gebracht. Männer und Frauen sind ungefähr in gleicher Anzahl vorhanden, und da blicken uns aus hellen Augen und wunderbar scharf individualisirt Antlitze aus den meisten Altersstufen des menschlichen Daseins entgegen: Greise, Männer in mittleren Jahren, Jünglinge, Knaben, Mädchen, junge Frauen und Matronen. Bei weitem die meisten sind Personen in guten Jahren. Die älteste dargestellte Frau hatte die fünfziger, der älteste Mann die sechziger Lebensjahre nicht überschritten. Heydemann wies zuerst darauf hin, dass die von Le Blant veröffentlichten Mumienetiketten, auf denen die Lebensjahre des Verstorbenen angegeben werden, ganz Aehnliches zeigen: denn die Hälfte von allen Bestatteten, deren die Etiketten gedenken, standen, als sie die Augen schlossen, zwischen dem zwanzigsten und vierzigsten Jahre. Sollte die Sterblichkeit in der Blüthe des Lebens in Aegypten damals wirklich so gross gewesen sein, haben wir es nur mit einem Zufall zu thun, oder wurden Etiketten nur Gesichtermumien beigegeben? Befremdlich sind diese Verhältnisse gewiss, wenn man bedenkt, dass der Tod gerade diejenigen Altersklassen, die hier am spärlichsten vertreten sind, in grösster Anzahl dem irdischen Dasein entreisst. Wie oft und schnell geknickt ist die zarte Blume des Kinderlebens, wie viele Greise und Greisinnen welken dem Grabe entgegen, und doch begegnen uns hier zwar drei alte Männer, nach den Portraits von kleinen Kindern und Greisinnen suchen wir indess vergebens. Jene hielt man der Ehre des Gemaltwerdens und der Kosten, die dies verursachte, vielleicht nicht werth, und gegen die Abbildung des faltigen Antlitzes alter Frauen scheint sich, wenn auch in vielen Fällen mit Unrecht, der griechische Schönheitssinn gesträubt zu haben, während sich der Künstler williger fand, wenigstens einiger Greise ausdrucksvolles Antlitz zur Darstellung zu bringen. Ein ähnliches Verhältniss zeigen auch die zu Paris, London, Berlin und Bulaq conservirten Portraits der gleichen Gattung; denn sie stellen auch nur Frauen und Männer in jungen oder in mittleren Jahren dar. Unter den dreiundzwanzig Berliner Portraits bringt nur No. 12 ein betagteres Wesen, und zwar eine „ältere Frau" zur Anschauung.

Es wirft sich nun die Frage auf, wie man sich die Herstellung unserer Portraits und ihre Verbindung mit den Mumien zu denken habe.

Drei Möglichkeiten liegen vor: 1. Die Maler benutzten die Leichen als Modelle und bemühten sich, ihnen das Ansehen von Lebenden zu geben; 2. hellenistische Aegypter liessen sich in der Blüthe der Jahre abconterfeien, und ihr Portrait, das so lang sie lebten, das Familienzimmer schmückte, wurde — vielleicht sogar mit dem Rahmen — an die Mumie befestigt und 3. das Bildniss wurde bei Lebzeiten hergestellt und fand Platz in einem Gemache des Hauses; nach dem Tode des Abgebildeten ward es dann aber copirt und die Copie ihm ins Grab mitgegeben. Gegen die erste Meinung spricht, wie schon Wilcken hervorhob, die „überzeugende Lebenswahrheit" dieser Portraits. Auch der Blick der im Tode geschlossenen Augen ist bei den meisten durchaus individuell. Die Farben sind von zweifelloser Treue. Die Vorbilder der Maler dieser Gesichter können keine Leichen gewesen sein! —

Dass man im hellenistischen Aegypten die Häuser mit Portraits der Familienmitglieder geschmückt habe, ist zudem sehr wahrscheinlich. Schon in der Pharaonenzeit liessen die Grossen des Landes bei Lebzeiten Portraitstatuen der eigenen Person herstellen, um sie in der Gruft aufzustellen. Ob sie Bildnisse für das Haus malen liessen, wissen wir nicht; denn es blieben keine erhalten; dagegen findet sich unter den Resten der kampanischen Wandmalerei, die, wie Helbig nachwies, so viel mit der alexandrinischen gemein hat, manches Familienportrait. In Pompeji pflegte man solche al fresco an die Wand zu malen, — in Aegypten wird man es ähnlich gehalten haben; doch wäre es ja möglich, dass man es vorzog, die Bildnisse der Seinen auf Holztafeln herstellen zu lassen, die dann in die Wand des Zimmers eingelassen oder auch, ähnlich umrahmt, wie wir sie an einigen Mumien fanden, an ihr aufgehängt wurden. Ueber Tafelbilder alexandrinischer Künstler erhielt sich mancher Bericht. Man trieb auch Handel mit ihnen, und Heydemann erinnert mit Recht an die tabulae oder Bildertafeln, die heidnische Epicuräer von ihrem Meister Epicur (Cicero de fin. No. 1) oder Christen von dem Heiland, dem Apostel Petrus oder Paulus kauften (Eusebius, hist. eccles. VII, 18). — Es bliebe darum nur zu entscheiden übrig, ob man das vorhandene Bild für das Grab copiren liess, oder ob man es einfach dem Familienzimmer entnahm und es an die Mumie befestigte. Für diese Meinung tritt eine Wahrnehmung ein, die Herr Ingenieur Richter, der Freund und Vertreter des Herrn Graf, auch uns mittheilte.*) Es findet sich nämlich auf der Rückseite einiger Portraits eine mehrere Millimeter hohe Mörtelschicht, auf der sich noch Theile des Asphaltes zeigen, womit man sie an die Mumie befestigt hatte. Andere haben Löcher, die von der Durchbohrung mit einem Nagel herzustammen scheinen. Kommt nun der Mörtel von der Wand des Familienzimmers, in die man das Bild eingelassen, und das Loch von dem Stifte, womit man es an die Mauer befestigt hatte? War es nach

---

*) Auch ein Berichterstatter über die Graf'schen Bilder in der „Kölnischen Zeitung" soll die Vermuthung, die Portraits stammten aus dem Familienzimmer, ausgesprochen haben.

dem Tode der Dargestellten seiner ursprünglichen Bestimmung entzogen worden, um nun statt des Familienzimmers die Mumie der Dargestellten zu schmücken? Es würden dafür auch die Dimensionen der No. 32, das Portrait eines jungen Mädchens, sprechen; denn es ist so klein, dass es kaum ursprünglich hergestellt worden sein kann, um an die Mumie befestigt zu werden. Ein eigens für diese gemaltes Bild hätte man doch wohl den Grössenverhältnissen der Leiche angepasst, für die es bestimmt war. Dies Portrait wird also höchst wahrscheinlich zuerst einem anderen Zwecke gedient haben als dem, an die Mumie geheftet zu werden. Kommt die No. 32 nun auch aus dem Familienzimmer, so wirft sich uns dagegen die Frage auf, womit man das Loch in der Wand gleich ausfüllte, wenn man das Bild (manchmal mit dem Mörtel) herausgerissen hatte, — und sollte man fast alle diese Bilder, die gut auf die Mumien passen, als man sie für das Zimmer malte, gleich mit für die Leiche berechnet haben? Dies anzunehmen widersteht uns. Auch können wir die zu Pompeji an die Wand des Tablinum gemalten Portraits nicht vergessen. Woher solche Abweichung auf einem Gebiete, wo sonst so vieles zusammen stimmt? Es fällt uns auch schwer, den schlechtesten Portraits zuzutrauen, dass man sie hergestellt habe, um die Wohnung damit zu zieren. Die auf beiden Seiten bemalte Tafel, deren wir zu gedenken haben, zeigt ein Bild, das keinenfalls von einer Wand entfernt worden sein kann. — Das Gleiche gilt von No. 7 mit dem aramäischen Namen etc. auf dem Rücken.

Wir möchten uns darum lieber der Meinung zuwenden, man habe den hellenistischen Aegypter in guten Jahren gemalt, das Bild im Familienzimmer angebracht und erst nach dem Tode des Abgebildeten einem Künstler aufgetragen, es für die Mumie zu copiren. Starb eine Greisin, so befestigte man an der Leiche ein Portrait, das sie in der Blüthe des Lebens darstellte, wie wir ja auch neben der Lebensbeschreibung einer bedeutenden Frau, die hochbetagt starb, oft ihr Jugendbild finden. Zu diesem Zwecke verwandten nur die Reichsten hervorragende Künstler. Es scheint uns, als würde mancherlei und besonders auch die Vortragsweise einiger der schlechtesten Graf'schen Bilder so besser erklärlich. Dabei ist es keineswegs ausgeschlossen, dass unter gewissen Umständen diese oder jene Tafel dem Familienzimmer unmittelbar entnommen wurde. Von der No. 32 und einigen anderen möchten wir das von vornherein glauben. Drei der allerrohsten sind vielleicht gar keine Portraits, sondern, wie schon Wilcken vermuthete, auf Vorrath fabrikmässig hergestellt worden. Sie erinnern an das Conterfei eines beliebigen Soldaten in der Uniform des Regiments, das wir unsere Krieger als das eigene Portrait nach Hause schicken sahen, bevor die Verallgemeinerung der Photographie mit dergleichen aufräumte. Auch in der Pharaonenzeit musste fabrikmässig hergestellte Dutzendwaare da eintreten, wo die Mittel es untersagten, Portraitstatuen oder ein ad hoc auf die Person des bestimmten Verstorbenen niedergeschriebenes Todtenbuch herstellen zu lassen. Den besseren, ja zum Theil den höchsten Ständen, scheinen die meisten Abgebildeten angehört zu haben; denn viele Männer tragen die Kleidung der Vornehmeren und wohl auch Lorbeerkränze oder Reifen von Gold auf dem Haupte; die Frauen sind grösstentheils mit Schmuck, ja oft mit Geschmeide, das bisweilen von hoher Kostbarkeit ist, versehen.

Ueber etliche schon erwähnte Berliner Portraits wissen wir, dass sie den Mitgliedern einer Archontenfamilie angehörten, und ihr kam in den heimischen Kreisen sicherlich hohes Ansehen zu; doch können wir uns nicht entschliessen, mit H. Henry die tragebandartigen Streifen, die auf den Pariser wie auf den Graf'schen und anderen Bildern sich über Schulter und Brust der Dargestellten ziehen, für den laticlavus, das ist den Purpurstreifen, zu halten, der die Gewänder der Senatoren und in der Kaiserzeit auch die der Söhne altpatrizischer Familien und der Kriegstribunen aus dem Ritterstande zierte; denn dazu war der Rang von vielen dieser Aegypter aus der Provinz keineswegs hoch genug, und die gleichen Bänder, die selten purpurfarbig, und nie als Säume oder Borden dargestellt sind, zeigen auch viele Frauenbildnisse. Sie werden also für eine besondere Art von Todtenbinden gehalten werden müssen, was No. 53 und No. 66 aufs beste verdeutlichen; denn der Greis und der Jüngling, den sie zur Anschauung bringen, tragen einfache, sackartige Todtengewänder, und über beide Schultern und die Brust ziehen sich unsere Streifen, genau wie lockere „Hosenträger". Man sehe auch das schöne Knabenbildniss No. 47.*)

---

*) Fremd der Mode der Zeit sind rothe, den unseren ähnliche Streifen doch nicht gewesen. Wir sehen z. B. zu Pompeji im Amphitheater (Niccolini, Le case ed i monumenti di Pompeji, anfiteatro Tab. III) den Beamten, der das Kampfspiel leitet und (l. l. casa del centenario. Suppl. Tav. XII, fasc. LXVIII) die Kinder eines Hauses auch ein roth verbrämtes Unterkleid tragen. Den Kindern der Vornehmen kam die Prätexta ja als Obergewand zu; die erwähnten in Pompeji tragen aber eine hemdartige Tunica, die den Gewändern auf unseren Bildern ähnlich sieht.

Welchen ethnischen Typus die meisten Bildnisse zeigen und ein Blick auf die hellenistische Provinzialstadt Arsinoë, den Entstehungsort vieler.

Ueberblicken wir nun die Gesammtheit unserer Portraits, so finden wir nicht viele, die wir demjenigen Typus zuweisen möchten, der uns durch die Denkmäler, die Schilderungen der Griechen und das Aussehen der heutigen Kopten als national ägyptisch bekannt ist; doch zeigen zahlreiche Gesichter jene dunklere Hautfarbe, die Griechen und Römer den Aegyptern zuschrieben, und die wir Leuten von hellenischer Herkunft kaum zutrauen möchten. Aber die Sonne des Südens bräunt schnell die helle nordische Haut, und hellenistische Griechen, deren Sippe Generation auf Generation in Aegypten gewohnt hatte, werden den helleren Teint des Mutterlandes schwerlich bewahrt haben. Jedenfalls scheinen die meisten unserer Portraits griechische Züge zur Darstellung zu bringen, und dies gilt auch von mehreren mit ziemlich dunkler Haut. Neben ihnen aber muss eine Reihe von Männer- und Frauenbildnissen hervorgehoben werden, die uns weder den ägyptischen noch den griechischen, wohl aber ganz entschieden den semitischen Typus zu zeigen scheint, und das kann nicht Wunder nehmen, wenn wir uns die günstige Stellung der hellenistischen Juden in Aegypten vergegenwärtigen. Wir verweisen auch auf Graf's No. 4—7, 11, 12, 20, 44, 49, die Berliner No. 2 etc., auf das über die innere Anordnung der drei Gräber aus der Nekropole von Kerke Gesagte sowie auf den semitischen Namen an der Rückseite des Bildes 7. Interessant ist die Graf'sche No. 64 und die Berliner No. 1, die Männer darstellen, in deren Adern äthiopisches Blut fliesst. Das Wollhaar, der dünne Schnurrbart und der sehr realistisch und doch mit schönem Maass künstlerisch wiedergegebene Prognathismus würden uns veranlassen, No. 64 zu den Bantunegern zu zählen, doch scheint der Dargestellte ein Mischling zu sein und die hellbraune Haut, den stärkeren Backenbart, die keineswegs wulstigen Lippen und das sprechende Auge einer Mutter oder einem Vater von edlerem Geschlecht zu danken. Auch hat er im Leben etwas erreicht, da ihm ein goldener Reif das Wollhaar schmückt und er einen Künstler mit der Herstellung seines Portraits zu betrauen vermochte, der diesen stolzen Namen verdient.

Wäre diese Portraitreihe ohne Angabe des Fundortes, ohne die Mumienetiketten und die Bindenstücke, die z. B. an No. 1 haften, uns vorgelegt und dazu die Frage an uns gerichtet worden, welcher Zeit und welchem bürgerlichen Verbande des Alterthums sie angehören möchten, hätten wir mit Nothwendigkeit eine im ganzen zutreffende Antwort ertheilen und die Behauptung, nicht nur die Vermuthung, aussprechen müssen, dass sie im hellenistischen Aegypten und jedenfalls schon in heidnischer Zeit hergestellt worden seien. Für die Fundstätte der Portraits hätten wir Alexandria oder eine andere Griechencolonie mit hellenistischer Bevölkerung, zu der sich andere asiatische Elemente gesellten, erklärt; denn es gab in der gesammten alten Welt keine Stätte oder Gesellschaft, wo ägyptische, griechische und semitische Elemente, ja gelegentlich auch äthiopische, sich so willig der gleichen Bestattungsform gefügt haben würden wie dort, und ausserdem konnte nur in Alexandria die Malerei ihre Stoffe in einer so realistischen, vom idealen Wesen der älteren hellenischen Kunst ganz absehenden Vortragsweise angegriffen haben. Dort allein, wäre unsere Meinung gewesen, hätten auch so vollendete Kunstwerke in der angedeuteten Weise geschaffen werden können wie unsere No. 2, 8, 21, 28, 45, 47, 61, 63, 66 etc. oder gar das der Matrone 42. Auch andere hellenistische Orte, wie Tarsos in der Diadochenzeit, schufen Werke von merkwürdiger realistischer Kraft, die theils in das British Museum, theils in den Louvre kamen. Es fehlt aber unter diesen Sculpturen die Verschiedenheit der im hellenistischen Aegypten vorkommenden ethnischen Typen. So hätten wir denn im Ganzen das Rechte getroffen und nur die Grenzen zu eng gezogen und statt Alexandria „das hellenistische Aegypten" setzen müssen.

Einen so kleinen Ort wie die Provinzialstadt Kerke für die Fundstätte zu halten, wäre niemand eingefallen; denn viele unserer Portraits sind so beschaffen, dass man ihnen gern zugetraut hätte, sie kämen aus einem Atelier in der grossen Handels-, Gelehrten- und Künstlerstadt des Alexander. Für diese und ihre besten Maler wären uns die vorzüglichsten unserer Bildnisse gerade gut genug erschienen: jetzt aber sehen wir, dass auch die vornehmen Bürger eines hellenistischen Provinzialortes in künstlerischer Hinsicht hohe Anforderungen stellten. Nun zeigten wir Seite 15 schon, dass die bei Kerke gelegene Nekropole vielleicht auch von den Bewohnern der Hauptstadt des „Seelandes", wie die älteren Aegypter das Fajjûm nannten, benützt worden sei, um ihre Todten dort beizusetzen, und die Bürger dieser Hauptstadt, die in der Pharaonenzeit Krokodilopolis, unter den Ptolemäern Arsinoë hiess, waren der griechischen Bildung ergebene Leute, die nicht zu weit hinter den Alexandrinern zurückzustehen trachteten. Die im Schutt ihres zerstörten Ortes gefundenen Mengen von Papyrusstücken führten sie, wie schon bemerkt ward, zur Auferstehung. Wir kennen durch die erhaltenen Steuerlisten etc. ihre Strassen, ihre Hauptgebäude, ja die Namen der meisten Bewohner ihrer einzelnen Häuser. Wir wissen, wie eifrig sie sich mit den griechischen Philosophen und Dichtern beschäftigten, dass sie Theater, Gymnasien, ein Helleneion etc. besassen, und wir hören, dass die Bürger von Arsinoë, da es galt, den kaiserlichen Präfecten mit einer würdigen

Ansprache zu empfangen, einen Rhetor wahrscheinlich aus Alexandria verschrieben. So steht der Vermuthung sicherlich nichts im Wege, dass ein reicher Arsinoït, der sich selbst, sein Weib oder Kind für das Familienzimmer malen lassen wollte, sich gleichfalls einen Künstler aus Alexandria zu diesem Zwecke habe kommen lassen. Die Copie des Bildnisses für die Mumie konnte dann wohl einem in Arsinoë heimischen Maler überlassen werden; denn die Berufung eines hervorragenden Künstlers in die Provinzialhauptstadt wird theuer genug gewesen sein; wurden doch gewiss unter den Ptolemäern und wahrscheinlich auch noch später vorzügliche Leistungen der Maler mit Gold aufgewogen. Dem Nikias soll z. B. Ptolemaeus I. Soter für die Nekya 60 Talente, das sind 282 900 Mark, geboten und Pamphilos von jedem Schüler, den er annahm, ein jährliches Lehrgeld von einem Talent, das sind 4715 Mark, erhalten haben.*) Solchen Zahlungen mussten die Leistungen einigermaassen entsprechen, und war bisher neben den Wandmalereien und Vasenbildern noch kein Tafelgemälde aus dem griechischen Alterthum bekannt geworden, das, wenn wir die sogenannte Muse im Museum der Akademie von Cortona ausnehmen, die auf Schiefer gemalt ist, der hohen Vorstellung völlig entsprochen hätte, die wir uns von dem Vermögen der griechischen Maler bildeten, so ändert sich dies nach dem Fund unserer Portraits auf einen Schlag: denn liessen sich in einer mittelgrossen Provinzialstadt zahlreiche Bilder von so hohem Kunstwerthe vollenden, obgleich zu der Herstellung selbst der Originale im Familienzimmer schwerlich die allerbedeutendsten und theuersten alexandrinischen Künstler berufen werden konnten, so hat es in der Hauptstadt selbst sicherlich Bildnisse von einer Vollendung gegeben, die sich unserer Vorstellung entzieht. Die früher ausgesprochene Ansicht, es seien vielleicht auch Mumien aus Alexandria nach Kerke versandt worden, glauben wir zurückziehen zu sollen. Dagegen steht es fest, dass auch aus anderen Städten des Seelandes Leichen dorthin geschickt wurden, und wir wissen schon, dass es noch im hellenistischen Aegypten Brauch war, die balsamirten Körper theuerer Angehöriger zu versenden, um sie in beliebten Nekropolen beisetzen zu lassen. Wie lange Leichentransporte in Aegypten Sitte blieben, das beweist der bekannte Pariser Papyrus mit dem Briefe der Senpamonthes, den diese, als Begleitschreiben zu der Mumie der Mutter, ihrem Bruder Pamonthes mit eben dieser Mumie übersendet. Die erstere theilt dem Adressaten mit, dass sie das volle Fuhrgeld bezahlt habe und zugleich die Zeichen, an denen er die mütterliche Leiche oder Mumie ($ταφή$, wie auch auf den Holzetiketten von Rubajjât) zu erkennen habe, und diese bestehen

---

*) Die ägyptischen Talente sind kleiner als die attischen: doch auch wenn jene gemeint sind, ergeben sich Summen von erstaunlicher Höhe.

aus roth gefärbtem Mumienzeug (Sindon) und dem der Mutter auf den Leib geschriebenen Namen Senyris.

Es ist auch keineswegs unmöglich, dass einzelne im Seeland heimische Leute, die in Alexandria oder ausserhalb Aegyptens starben, ihre Leichen in die Heimat zurücksandten, um sie in dem Erbbegräbnisse der Familie bestatten zu lassen. Dass besonders die Mitglieder semitischer Geschlechter darauf hielten, ihre vergänglichen Reste „zu den Vätern zu versammeln", und befahlen, sie in die Heimat zu schicken, wird nicht nur durch den Transport der Leiche des Jacob nach Palästina (I. Mos., 50, 5 ff.) bezeugt, sondern geht auch aus Inschriften hervor, die der uns beschäftigenden Zeit entstammen, und wir zeigten, dass unter den zu Kerke Bestatteten sich wahrscheinlich auch Mitglieder von semitischen Familien befanden. Dass auch ägyptische Mumien noch in römischer Zeit weit fortgeschickt wurden, erfahren wir z. B. auch durch den Brief der oben erwähnten Senpamonthes, in dem mitgetheilt wird, dass die Mumie ihrer Mutter mit dem vollen Leichenschmucke, fertig zur Beisetzung, wenn der Ausdruck erlaubt ist, „frankirt", zu Schiffe versandt ward.

Zeit der Entstehung unserer Bildnisse.

Sie wurden sämmtlich für Mumien heidnischer Leichen gemalt.

Was nun die Zeit der Entstehung unserer Bildnisse angeht, so kann sie nur nach der völligen Consolidirung des hellenistischen Lebens in Aegypten gesucht werden; denn bald nach der Gründung Alexandria's war die Verschmelzung der verschiedenen ethnischen Elemente noch nicht so weit gediehen, dass sich heidnische Griechen und Juden der ägyptischen Bestattungsweise gefügt und dass Aegypter von der Vortragsweise der heimischen Künstler abgesehen und hellenischen die Ausschmückung ihrer Leichen überlassen hätten.

Suchen wir nun nach dem terminus a quo, das heisst nach dem Zeitpunkte, an dem die frühesten unserer Portraits hergestellt worden sein können, so werden wir zunächst die fundamentale Frage zu beantworten haben, ob die im Fajjûm gefundenen Bildnisse der heidnischen oder christlichen Zeit die Entstehung verdanken.

Sie stellen sämmtlich mit unumstösslicher Gewissheit Heiden dar. Die von Flinders Petrie bei Hawära entdeckte Knabenmumie im Peel Park Museum zu Manchester würde für sich genügen, eine entscheidende Antwort zu ertheilen; denn die Figuren auf der vergoldeten Cartonnage, die sie umgiebt, stellen die Hauptgottheiten des ägyptischen Todtencultus dar: Isis und Nephthys sowie den schakalköpfigen Anubis, der von den Hellenen ihrem Hermes Psychopompos, dem Seelengeleiter, gleichgestellt wird. Auch andere Gestalten des ägyptischen Pantheon sind auf dieser Mumie wie auf den gleichfalls vergoldeten Cartonnagen zu sehen, die von den Leichen abgerissen im Sande der Todtenstadt von Kerke, zum Theil in recht guter Erhaltung gefunden wurden.

Zu unserer Denkmälergruppe gehören sicher auch die in griechischer Vortragsweise bemalten Leichentücher, von denen mehrere im Berliner Museum conservirt werden, und von denen wenigstens eins sicher in der Nekropole von Hawara gefunden wurde. Die Mumien, denen man sie beigab, blieben ohne Portrait; denn man malte auf die Tücher selbst das Bild des Verstorbenen. Es pflegte in Lebensgrösse zu geschehen, und der Dargestellte trug griechisches Costüm. Dass sein Bild in heidnischer Zeit gemalt wurde, geht aus dem Umstande hervor, dass es auf allen bekannt gewordenen Tüchern zwischen den Todtengöttern Osiris und Anubis zu sehen ist.

Unter den zahlreichen anderen Merkmalen, die für das Heidenthum der auf unseren Bildnissen Dargestellten zeugen, wollen wir nur die gebundenen Gefangenen erwähnen, die Miss Amelia Edwards, die treffliche, leider jüngst verstorbene Aegyptologin, an der Stelle der Fusssohlen auf der Cartonnage fand, die eine Gesichtermumie umgiebt. Solche Darstellungen sieht man auch häufig auf den Sohlen der Schuhe, die man älteren heidnischen Mumien an die Füsse band. Sie beziehen sich auf den im Todtenbuch und anderen religiösen Schriften aus der Pharaonenzeit wieder und wieder ausgesprochenen Wunsch des Dahingegangenen, seiner Feinde Herr zu werden und sie unter die „Sohlen der Füsse" zu zwingen. Das Gleiche war ja auch dem Horus im Kampf für seinen Vater Osiris gelungen. Mit der Apotheose, dem Gott- oder Osiriswerden endet das Schicksal des „triumphirenden" Verstorbenen, und als solcher schreitet er mit den Sohlen über seine Feinde hinweg.

Endlich muss hier eines an der kleinen Gesichtermumie No. 94 von Herrn Ingenieur Richter entdeckten Ornamentes gedacht werden. Es besteht aus einer Reihe von Scheiben, die sich in ziemlichen Abständen um den unteren Theil der Mumie ziehen. Die einzelne Scheibe hat einen Durchmesser von etwa drei Centimeter und wird vom Centrum — einem kleinen Kreise — aus, durch zwölf Radien in ebensoviele Abschnitte getheilt. Sie ist mit demselben Roth gefärbt, wie die Sonne auf den Denkmälern aus der Pharaonenzeit und uns ganz ähnlich auf solchen begegnet, — während sie auf frühen christlichen Monumenten keinen Sinn hätte und auch nicht vorkommt.

Auch das blosse Anbringen der Portraits an der Mumie ist ein der heidnischen Religion der Aegypter angehörender Gedanke. Der Bestandtheile näher zu gedenken, in die der Verstorbene nach dem Tode zerfiel, geht hier nicht an. Sein vergängliches Theil sollte die Balsamirung erhalten, sein unsterbliches geistiges, die Seele Ba, besteigt nach dem Tode die Sonnenbarke, in der sie zu der Oeffnung der anderen Welt im Westen von Abydos gelangt. Wird es dort dem Verstorbenen zu Theil, ein Osiris, das heisst mit der Gottheit Eins zu werden, so verliert er seine Individualität doch nicht völlig im Jenseits. Es kann ihn verlangen, in der Gestalt, die er auf Erden getragen, den Seinen kenntlich dahin zurück zu kehren, und vornehmlich diesem Zwecke diente die Mumisirung, diente schon in alter Zeit das Aufstellen der Statue im Grabe oder die Anbringung des Gesichtes an den Särgen. An die ihm ähnliche Nachbildung des Verstorbenen hatte sich der Ka, das heisst sein geistiger Doppelgänger, sein seine Gestalt tragender Genius zu heften, damit die Formen nicht verloren gingen, die ihn von anderen Lebenden unterschieden hatten. Besuchten die Nachkommen das Grab, so wandten sie sich mit Anrufungen und Opfern nicht an den Entschlafenen selbst oder an seine Statue, sondern an den Ka, der jene — die Statue — in ähnlicher Weise deckte wie der Handschuh die Hand. Schon im alten Reiche findet sich in jedem Grab eines Vornehmen eine besondere Kammer (serdab) für die Statue, in der dieser geräuchert und geopfert wird, und die das „Haus des Ka" heisst. Im Leben war der Ka eins mit dem Menschen, nach dem Tode trennt er sich von ihm wie die Seele (ba), der Schatten (srit), der Geist und das Gemüth (ib) und der schwer zu definirende leuchtende Chu und repräsentirt am Bilde oder der Statue, die er gleichsam beseelt, und die ihm wiederum hilft, die rechte Gestalt zu bewahren, das innere und äussere Wesen des Todten. Der Ka konnte sich auch von der Statue oder von dem an der Mumie angebrachten Bildnisse, das die charakteristischsten Formen der Person des Bestatteten zur Anschauung brachte, lösen, und in ihn hüllte sich dann die Seele, wenn sie auf Erden zurückzukehren wünschte. Wäre der Ka verloren gegangen, hätte der ewige Theil des Verstorbenen die Individualität eingebüsst, die irdische Erscheinungsform, deren sie schon bedurfte, um als das, was sie hienieden gewesen war, in der Erinnerung der Folgegeschlechter fortzuleben, von denen sie die pietätvolle Darbringung der ihr zukommenden Todtenopfer erwartete. Ein Bild des Verstorbenen gehörte also zu dem vollständig ausgestatteten heidnisch-ägyptischen Grabe. War dies in alter Zeit mit den Mitteln der Sculptur hergestellt worden, so überliess man es später, als die Malerei die Sculptur in den

Schatten drängte, als man weniger geneigt war, für solche Dogmen grosse Opfer zu bringen und die griechische Malerei treffend ähnliche Bildnisse zur Verfügung stellte, den Farbenkünstlern, das Bildniss zu malen, dessen man für den Ka bedurfte. Unter den hellenistischen Aegyptern und besonders den Griechen und Juden wird man sich schwerlich des religiösen Gedankens erinnert haben, der ursprünglich die Statue gefordert und das Portrait an die Mumie geheftet hatte, und nur die Mode, die bei der erinnernden Kraft, die ihr innewohnte, etwas Gewinnendes besass, mitgemacht haben. Sie drang aus dem Fajjûm bis in die Oasen in der Libyschen Wüste, und da es dort vielleicht an guten Malern fehlte, während es zur Erhaltung der Tempel stets Leute geben musste, die die Bildhauerei erlernt hatten, zog man es dort vor, die Mumie statt mit dem Portrait mit ihrer Büste zu versehen. Auf der grossen Oase sind jüngst an vierzig solcher Kunstwerke ausgegraben worden. Mehrere kamen in den Louvre, zwei in den Besitz des Herrn Graf. Sie bestehen aus einer gegenwärtig der Analyse unterworfenen Masse*) und waren an den oberen Theil der Mumie wie an die Spitze eines Sackes befestigt. Die Löcher für die Schnüre, womit man sie an die Leiche festband, sind auf No. 97 (2. Seite 31) zu sehen. Trotz ihrer plastischen Ausführung gehören sie durchaus in die Kategorie der uns beschäftigenden Bildnisse; denn sie geben die Züge der Verstorbenen, deren Mumie sie krönten, höchst realistisch wieder. Sie sind leicht colorirt, und die Vortragsweise der Modelleure, die sie herstellten, ist der der Maler nahe verwandt, denen viele weniger gute und spätere Graf'sche Portraits den Ursprung verdanken. Maspero, der sie behandelte (La Nature 1892, Seite 305 ff.), setzt sie an das Ende des zweiten oder an den Anfang des dritten Jahrhunderts nach Christus, und M. de Villefosse macht nicht mit Unrecht auf die Aehnlichkeit der einen mit dem Pescennius Niger, dem Gegenkaiser des Septimius Severus aufmerksam. Wir schliessen uns Maspero's Bestimmung an.

Obgleich aber diese Büsten nur zu den spätesten an die Mumie zu befestigenden Bildwerken gehören, haben sie doch eingesetzte Augen von Talk, wie wir sie schon an den ältesten Statuen aus der Pyramidenzeit finden. Diese verleihen ihnen einen, ich möchte sagen, aufdringlich lebendigen, im Sinne der Griechen und Römer barbarischen Ausdruck. Auch der nach der vollendeten Modellirung aufgesetzte Bart ist ungriechisch; ganz bestimmt nach Aegypten und in die Heidenzeit verweist aber diese Büsten eine Darstellung, die sich sowohl auf dem Rücken der vorgenannten Graf'schen No. 97

---

*) Die Analyse des Herrn Professor Gooth (München) ergiebt, dass sie aus einem Gemenge von Sand in Form sehr kleiner Quarzkörner, Thon (unzweifelhaft Kaolin), Gyps und sehr wenig kohlensaurem Kalk besteht. Entweder sandiger sedimentärer Thon mit künstlicher Gypszugabe oder einer besonders thonreichen Schicht unreinen Gypses dem Boden der Oase entnommen.

(Abb. S. 31) wie auf dem der einen im Louvre conservirten und von H. Bouriant dorthin geschenkten findet. Es ist das Bild der mumisirten Leiche, an deren Kopf- und Fussende je eine weibliche Gestalt kniet. Diese Darstellung ist die schon erwähnte, tausendfach im Todtenbuch und sonst wiederkehrende, die die Isis und Nephthys, die „grosse und kleine" zeigt, die als Klagefrauen an der Bahre des verstorbenen Gatten und Bruders Osiris die jammernde Stimme erheben, um ihrer Trauer Ausdruck zu geben und ihn zurückzurufen.

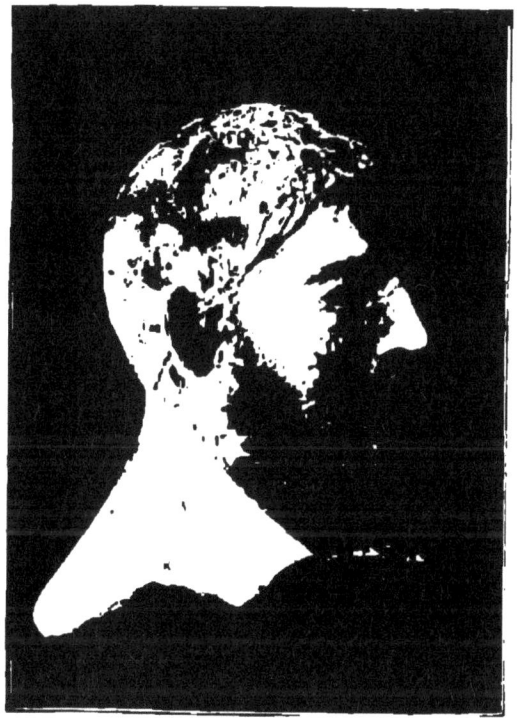

No. 97. Bild einer Mumienbüste aus der grossen Oase.

Ihr Klagegesang erhielt sich am besten auf einem Berliner Papyrus aus der Perserzeit. Unsere Büsten stellen die klagenden Göttinnen nicht mehr genau in ägyptischer, sondern in einer Vortragsweise dar, die sich nur noch wenig um den alten Kanon kümmert und auch die Hieroglyphen über dem Haupte der trauernden Göttinnen fortlässt, die auf echt ägyptischen Bildern nie fehlen. Dies Gemälde ist als Kunstwerk werthlos, es beweist aber, dass die Büsten, auf denen sie sich finden, von Heiden für Heiden hergestellt wurden, und diese, die, wie gesagt, am Ende des zweiten Jahrhunderts nach Christus gelebt haben mögen, waren die Vornehmen unter den Oasenbewohnern. Wie die Physiognomien der Büsten zeigen, gehörten sie sehr verschiedenen Völkerfamilien an: denn die eine erinnert an den griechischen, die andere an den römischen, eine dritte an den semitischen Typus. Eine vierte möchte man für einen Mischling halten, in dessen Adern neben dem ägyptischen römisches Blut floss. Und das kann nicht überraschen, wenn man bedenkt, dass die früh von Aegypten aus colonisirten Oasen, von den Persern beherrscht und bevorzugt,*) unter den Ptolemäern dem Hellenismus gewonnen, von den Römern als Handelsstationen gehütet, mit Besatzungen belegt und als Verbannungsort für vornehme Staatsverbrecher benutzt worden sind. Sie waren Mittelpunkte des Karawanenverkehrs, an dem die Phönizier einen so starken und frühzeitigen Antheil hatten, und man musste darum auf ihnen eine bunt gemischte Bevölkerung zu finden erwarten. Die schönen alten Tempel auf ihrem Boden blieben Stätten des ägyptischen Cultus, bis das Christenthum ihn verdrängte. Der Hellenismus hatte ihn schon mit griechischen und die Richtung der Zeit mit magischen und mystischen Elementen jeder Art durchsetzt. Diesen Umständen entsprechen auch durchaus die jüngst auf ihrem Gebiet ausgegrabenen Büsten. Für unsere Betrachtungen haben sie nur insofern höheren Werth, als sie beweisen, wie allgemeine Aufnahme der Wunsch, die Leiche mit dem Bildniss der Lebenden zu schmücken, in der hellenistisch-ägyptischen Welt gefunden hatte, und dass diejenigen, die für seine Erfüllung Sorge getragen hatten, und in Form einer Gesichtermumie bestattet worden waren, soweit sie zu den Unterthanen der späteren Lagiden oder zu den Bewohnern des römischen Aegypten und der Oasen in der Libyschen Wüste gehörten, Heiden waren. Da es sich nun von einer ganzen Reihe von Gesichtermumien nachweisen lässt, dass sie von und für Götzendiener hergestellt wurden, ist die Annahme ausgeschlossen, ein Christ habe seine Leiche je in dieser Weise behandeln lassen mögen. Zwei Gesichtermumien zu Bulaq, die ich für christlich hielt, muss ich jetzt mit A. Erman bestimmt für heidnisch erklären.

---

*) Der Haupttempel auf der grossen Oase (Chargeh, altägyptisch Heb) dankt dem Perser Darius I. die Entstehung, die erste Restauration dem Könige Darius II.

Das zweite Jahrhundert vor Christus als Entstehungszeit der Gesichtermumien.

Nachgewiesen an der Hand der Berichte über die ältesten griechischen Mumien, der Culturgeschichte und einzelner Wahrnehmungen an den Portraits, besonders an No. 7.

Sind unsere Portraits also auch sicher in heidnischer Zeit entstanden, so fragt es sich doch, in welchem Jahrhundert sich die hellenistischen Griechen dazu bequemten, die Leichen ihrer Angehörigen in Mumien verwandeln zu lassen. Es ist dies in der nämlichen Zeit geschehen, in der wir auf Grund anderer Erwägungen und Zeugnisse die Verschmelzung von Hellenen und Griechen so weit gediehen sein liessen, dass sich die hellenische Kunst mit ägyptischen Gebräuchen vermischen konnte. Dies schon für das dritte Jahrhundert vor Christus anzunehmen, wäre vielleicht gestattet, doch ist es erst für das zweite voll und ganz zulässig. Wir haben uns zunächst auf unsere Gesichtermumien zu beschränken, und für die Bestimmung der frühesten Zeit, in der sie hergestellt worden sein könnten, ist es von entscheidender Wichtigkeit, zu erfahren, dass untrügliche Urkunden von griechischen Leichen berichten, die im zweiten Jahrhundert vor Christus der Mumisirung unterzogen wurden. Professor U. Wilcken in Breslau hat die jener Zeit entstammenden Documente mitgetheilt, die dies aufs Bündigste beweisen.[*]

Da es sich also mit unumstösslicher Sicherheit behaupten lässt, dass viele Griechen schon im zweiten Jahrhundert vor Christus in ägyptischer Weise und von ägyptischen Paraschisten (Leichenaufschneidern) nicht nur in Alexandria, sondern sogar auch in Oberägypten (Theben) und in Dörfern (8. Turiner Papyrus) balsamirt wurden, — darf man wohl auch von den ältesten unserer Bildnisse annehmen, dass sie in jener Zeit hergestellt wurden. Einige der besten Portraits sind auch so beschaffen, dass man sie lieber an das Ende der Ptolemäerzeit, in der die hohe Blüthe der alexandrinischen Kunst erst langsam zu welken begann, als in die Zeit des Verfalles unter den Römern und nach Christi Geburt setzen möchte. Ein Blick auf die Kulturgeschichte bestätigt die Wahrscheinlichkeit des für die ältesten Portraits gewonnenen Ansatzes im zweiten Jahrhundert.

Unter den drei ersten Ptolemäern (von 323—222) können griechische Mumien wie die im Fajjûm gefundenen noch kaum hergestellt worden sein; denn erst unter Ptolemäus II. Philadelphus

---
[*] Jahrbuch des k. deutschen archäologischen Instituts, Band IV, 1889, Heft 1, Seite 5.

† 247 vor Christus war der Serapiscult zur vollen Aufnahme gelangt, der das religiöse Bewusstsein der Griechen und Aegypter mit einander zu versöhnen bestimmt war, hatte die jüdische Gemeinde dieser Stadt sich zu griechischer Lebens- und Anschauungsweise bequemt, und es lässt sich wohl denken, dass ein hellenistischer freidenkender Israelit von damals, der griechisch sprach, griechische Philosophen studirte, sich nach einem griechischen Gotte Apollodor oder Hermaios nannte, der sich an griechischen Kunstwerken freute, sie sammelte oder in seinem Hause aufstellte und noch dazu wusste, dass man auch in seinem Mutterlande Palästina die Todten mit linnenen Hüllen umgab und in Felsenhöhlen abstellte, sich bereit gefunden habe, die Leiche eines geliebten Verstorbenen in hellenisch-ägyptischer Weise zu bestatten und mit dessen Bildniss zu schmücken, so lauten Widerspruch solches auch unter den strengeren Glaubensgenossen wachgerufen haben mag. Das Nämliche schon damals von Colonisten echt griechischer Herkunft anzunehmen, fällt schwerer. Für sie musste die Verschmelzung schon tief gegangen sein, bevor sie sich einer so entschieden ägyptischen Sitte fügen mochten. Wir hören darum auch aus dem dritten Jahrhundert noch keiner hellenischen Mumie gedenken. Im zweiten werden sie häufig. Unter Euergetes II. Physkon † 117 ist Aegypten mit Cypern eng verbunden, und wenn wir dort zwei Steinsärge von guter griechischer Arbeit in Mumienform und mit portraitartig behandelten Gesichtern (Cesnola, Descriptive atlas T. XCI, 589 und 90) begegnen, so möchten wir vermuthen, dass die Sitte, Gesichtermumien herzustellen, etwa unter dem Physkon auch nach Cypern gebracht worden sei. War die erloschene Inschrift auf Cesnola's 589 wirklich phönizisch, so gefielen die Gesichtermumien auch dort den semitischen Bewohnern.

Dass auf der Rückseite von Th. Graf's No. 7 ein Name in semitischer Schrift steht, ward schon erwähnt. Renan und andere Gelehrte nahmen ihn während der Ausstellung in Paris zuerst wahr, doch gelang seine sichere Lesung zuerst dem auf dem Gebiet des altsemitischen Schriftwesens besonders bewanderten Professor Euting in Strassburg. 1891 fasste er die mit schwarzer Farbe auf der Rückseite der No. 7 geschriebenen sechs Buchstaben näher ins Auge und erkannte in ihnen

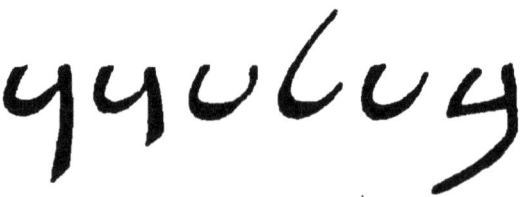

den Namen Ba'al 'adàr, das ist: Ba'al hilft oder Ba'al ordnet an.

Die schriftbildenden Zeichen weisen auf die Zeit von 450 bis 300 vor Christus. Neben diesem Namen sind, gleichfalls mit schwarzer Farbe, Figuren gezeichnet, die zugleich mit der Inschrift hergestellt zu sein scheinen. — Wie ist nun das Wort auf unsere Tafel gekommen? Wir werden erst weiter unten bei der eingehenden Betrachtung der No. 7 auf diese Frage und die Zeichnungen auf der Rückseite des Brettchens zurückzukommen haben.

Der Jüngling, der sich auf der Vorderseite des Brettes gemalt findet, trägt an der rechten Seite eine seltsame Locke, die uns noch mehrfach wiederbegegnete und uns auf eine für die Zeitbestimmung verwerthbare Bemerkung führte, die mancherlei Widerspruch wachrief, an der wir aber im Ganzen festhalten müssen. Selbst Wilcken, der sich unseren Folgerungen nicht anschliesst, hält es für eine „sehr zutreffende Beobachtung", dass diese Seitenlocke wohl identisch sei mit der aus den Denkmälern bekannten Locke, mit denen die Prinzen regelmässig dargestellt werden. Dass sie den Jüngling auf No. 7 mit einem Fürstenhause in Verbindung setze, giebt er indess nicht zu, „da diese Locke auf den Denkmälern auch von den Kindern gewöhnlicher Sterblicher getragen wurde". Das ist richtig. Wo aber die Locke von Erwachsenen getragen wird, ist sie immer, und eine genaue Durchforschung der Denkmäler bestätigte es uns von Neuem, das Zeichen der Zugehörigkeit zum Fürstenhause oder göttlicher Herkunft. Erman's Bemerkung, die Söhne der Könige hätten zeitlebens das alte „Abzeichen der Kinder", die Locke, beibehalten, ist durchaus zutreffend. Es waren aber die Angehörigen des Fürstenhauses allein, denen es zukam, es noch als Jünglinge und als Männer zu tragen. Wie wenig Heydemann diese Dinge beherrschte, beweist der Umstand, dass die Bilder, die er zum Beweis der Behauptung heranzieht, auch Kinder von Privatleuten hätten sich mit der Locke geschmückt, ausnahmlos Prinzen oder junge Götter darstellen. — Es ist auch behauptet worden, im neuen Reiche habe dies Abzeichen die ursprüngliche Gestalt verloren und sei aus einer geflochtenen Haarlocke zu einem breiten meist gefranzten Bande geworden. Dies Band wird freilich von vielen Prinzen des neuen Reiches getragen; auch von dem Sohne Ramses' III., der als Beleg abgebildet wird; es scheint aber vielmehr, breit und steif wie es war, die Locke verdeckt oder das Recht besessen zu haben, für sie einzutreten. Im Kriege, wo es schwerer hielt, die Locke regelrecht zu flechten, begegnen uns die Königssöhne gewöhnlich damit. Auch bei feierlichen Aufzügen tragen sie es bisweilen, vielleicht, um auch unbewaffnet, wie es bei einer religiösen Feierlichkeit zu erscheinen geboten war, an den Krieg, den sie mitgemacht hatten, zu erinnern. Wie sorgsam aber Prinzen auch im neuen Reiche die Locke flochten, beweist am Besten das Jugendbild Ramses' II. (Kalksteinrelief) im Louvre, (Perrot und Chipiez, Histoire de l'art, Taf. I, S. 706. In der vortrefflichen deutschen Ausgabe von R. Pietschmann [Brockhaus], S. 641), wo man jede Strähne des Geflechtes sieht und sogar auch das Bündchen, das sie auf unseren Portraits unten umgiebt. Ein Diadem zieht sich um Stirn, Schläfen und Hinterkopf des Prinzen. Von ihm herab hängen zwei sich nach unten verbreiternde Bänder auf den Rücken nieder. Wir meinen, dass, wenn man diese nach der Seite hin schob (am Diadem hin), sie die Locke verdeckten und das Band darstellten, das irrthümlich für den sie ersetzenden Nachfolger der Locke gehalten wurde. Diese können wir durch das ganze neue Reich bis in die Ptolemäer- und Römerzeit nachweisen. Ursprünglich war sie der Schmuck des jungen Horus, und es ist, wie gesagt, richtig, dass sie auch von anderen als den Kindern des Pharaonenhauses getragen wurde. Wo sie uns aber bei Erwachsenen auf einem Bilde begegnet, da stellt dies ausnahmslos einen Gott oder eine dem Fürstenhause angehörende Persönlichkeit dar. Wir halten diesen Satz für gesichert vor jedem Einspruch eines Fachgenossen.

Die Personen, die No. 7 und 60 darstellen und jene Locke tragen, bringen aber sicher Erwachsene*) zur Anschauung. Zwar hat man die No. 60 tendenziöser Weise und um alle Graf'schen Portraits in die Römerzeit zu verweisen, für einen fünfzehnjährigen Knaben zu erklären versucht, wir denken aber, dass jeder Unbefangene ihn mit uns wenigstens für zwanzigjährig halten wird. Die meisten Freunde und Bekannten, die wir um ihre Meinung ersuchten, gaben ihm von neunzehn bis dreissig Jahre. So müssen wir daran festhalten, dass die auf No. 7 dargestellte Persönlichkeit dem Lagidenhause nahe gestanden habe.

Einen ptolemäischen Prinzen im Seeland bestattet zu finden, will allerdings auch uns befremdlich erscheinen. Es gilt darum zunächst, die Zusammensetzung und Gewohnheiten des Lagidenhofes genauer ins Auge fassen, und dabei finden wir, dass die besondere Beschaffenheit der No. 7 eine Erklärung zulässt, die die Bestattung des Lockenträgers, den sie darstellt, in der Provinz alles Auffallenden entkleidet.

An der Spitze derer, die eines vertrauteren Umganges mit den Ptolemäern genossen, standen nämlich die συγγενεῖς oder „Verwandte" des Königs genannten Bevorzugten in verschiedenen Stellungen und Würden. Diese werden in den an sie gerichteten Briefen der Könige, je nach ihrem Alter und ihrer Stellung „Vater" oder „Bruder" genannt. Ihre Würde scheint erblich gewesen und ihren Kindern zu Gute gekommen zu sein, die wohl einen den König umgebenden zuverlässigen Adel zu bilden bestimmt waren.

---

*) Unter Erwachsenen verstehen wir auch die Epheben oder Jünglinge. Wo die Locke von Nachkommen privater Familien getragen wird, sind es „Kinder" in unserem Sinne.

Wir übergehen die Titel der anderen dem Hofe nahestehenden
Männer, um uns der jugendlichen Umgebung der Lagiden zuzuwenden, unter der wir der βασίλειοι παίδες oder königlichen Kinder
oft erwähnen hören, die ein am Hofe herangezogenes Cadetten- oder
Pagencorps bildeten. Ob jene Söhne der vornehmsten Priester,
die nach Diodor (I, 70) den Pharao zu bedienen und — sie mussten
über zwanzig Jahre zählen — von besonders feiner Bildung zu
sein hatten, diesen παίδες entsprachen, ist so fraglich, wie es überhaupt misslich erscheint, dem Diodor, der gerade in diesen Capiteln
einen tendenziös gefärbten Fürstenspiegel nach seinem Geschmack
zu gehen versucht, Wort für Wort zu glauben. Da er erst nach
dem Sturze des Lagidenhauses schrieb, hatte er die Controlle im
Einzelnen nicht zu fürchten. Dass es überhaupt junge Vornehme
in der Nähe der Könige gab, die sie bedienten, wird indess auch
sonst bestätigt. So finden sich ausser den παίδες auch μέλλακες (Jünglinge) des Herrschers am Lagidenhofe. Diese trugen freilich Waffen
und bildeten eine Art von junger Nobelgarde; sie rekrutirten sich
aber auch aus den Söhnen der „Verwandten" des Königs und anderer
Vornehmen. Den παίδες und μέλλακες oder Knaben und Jünglingen
des Königs kann nun sehr wohl, um ihre nahe Beziehung zum
Herrscher auch äusserlich hervorzuheben, gestattet worden sein, die
Locke zu tragen. Vielleicht war sie, bis die mit ihr Geschmückten
in das Mannesalter traten, das Abzeichen der männlichen Nachkommen der συγγενείς oder Anverwandten des Königs, die ja die
Würde des Vaters erbten, der gewöhnlich ein hoher Beamter war.
Diodor lässt, wie wir hörten, die den Herrscher bedienenden Pagen
Söhne der vornehmsten Priester sein, und so musste es sich verhalten, weil mit den höchsten Staatsämtern sich gewöhnlich auch
priesterliche verbanden und wir solche sogar auch von Führern
des Heeres und der Flotte bekleiden sehen. Wurden die vornehmen
jungen Diener des Königs auch militärisch geschult, so lassen sie
sich doch auch für um die Person des Fürsten beschäftigte Pagen
ansehen. Will man die μέλλακες oder Jünglinge nur für eine
jugendliche Leibgarde halten, so bleiben doch die Söhne der „Anverwandten" Mitglieder des Herrscherhauses, denen das Tragen der
Locke gestattet oder befohlen werden konnte. Dass die mit der
Locke abgebildeten Jünglinge den von Diodor erwähnten an den
Hof gezogenen Söhnen der vornehmsten Herren des Landes ungefähr entsprachen, darf mit gutem Grund angenommen werden; nur
wird der Sicilier ihnen die hohe Bildung und die über zwanzig
Jahre angedichtet haben, um ihren veredelnden Einfluss auf den
Herrscher, der ihres Umganges genoss, glaubhafter zu machen.
Ein Physkon aber suchte sich geistige Nahrung in ganz anderen
Kreisen als bei den ihn bedienenden jungen Leuten.

Unsere Annahme gewinnt dazu an Wahrscheinlichkeit durch den
Umstand, dass wenigstens die No. 7, wie wir sehen werden, einem

sehr hohen Hause angehören musste, dass wir die Locke — sie kommt fünfmal vor — bei keinem Manne in höheren Jahren finden und dass wir unter den „Verwandten des Königs" keineswegs nur Makedoniern begegnen, sondern auch Aegyptern aus der Provinz wie dem Phommutis aus der Thebais, dem Paniskos aus dem panopolitischen Gau etc.

Der Admiral und Oberpriester der Insel Cypern führt stets den Titel eines Anverwandten des Königs, und ebenso der griechische Oberpriester und Prophet von Philae, des heiligen Eilandes der Isis im äussersten Süden Aegyptens, jenseits des ersten Kataraktes.*)
So gut wie ein Herr aus dem latopolitischen und ein anderer aus dem tentyritischen Gau konnte aber auch einer aus dem arsinoïtischen zu den συγγενεῖς oder Verwandten und sein Sohn zu den Knaben oder Jünglingen des Königs gehören. — Hatte er als solcher die Locke getragen und war jung gestorben, musste sein Mumienportrait sie zeigen. Mochte er daheim, in Alexandria oder wo sonst auch immer die Augen geschlossen haben, stand es seiner Leiche bevor, im heimischen Erbbegräbnisse bestattet zu werden.

Diese Deutung scheint uns die rechte. In jedem Fall ist es schwer glaublich, dass es in der Römerzeit vornehmen Jünglingen gestattet gewesen sein sollte, ein Abzeichen weiter zu tragen, das in der oft genug aufrührigen Provinz an das entthronte Königshaus erinnert hätte. An der Schläfe von Kindern konnte dies Abzeichen geduldet werden, da es bei ihnen keine politische Bedeutung besass; nicht so an der von zwanzigjährigen jungen Herren.

Fassen wir die No. 7 und 60 näher ins Auge, so finden wir, dass die auf ihnen Dargestellten, wie die meisten Mitglieder des Lagidenhauses und die Epheben auf Bildwerken aus der Ptolemäerzeit, bartlos sind, obwohl ihr Alter ihnen wohl gestattet hätte, das keimende Haar an der Oberlippe, dem Kinn und den Wangen zu pflegen. War ihr Vater ein in der Provinz heimischer „Verwandter des Königs", so kann es uns nicht wundern, dass ihre Leiche in einer Todtenstadt gefunden wurde, die, wie wir sehen werden, auch von den Arsinoïten benutzt ward.

Eine nähere Betrachtung der No. 7 zeigt aber auch, dass der auf ihr dargestellte junge Mann von etwa zwanzig Jahren das Mitglied einer Familie war, deren Haupt sehr wohl zu den „Anverwandten" des Königs gehören konnte. Auch ihn selbst zu dem Pagencorps des Königs zu zählen, steht nichts im Wege. Jedenfalls muss er sich vor anderen jungen Leuten seines Alters, die sämmtlich in einfacher Tracht abgebildet wurden, ausgezeichnet haben; denn er ist geradezu glänzend geschmückt. Der reiche goldene Kranz auf seinem Haupte wird sonst nur von Männern in reiferen Jahren und von Frauen getragen. Der Knabe 27 hat nur

---

*) Lumbroso, L'économie politique de l'Égypte sous les Lagides. Turin 1870.

mit goldenem Laubwerk durchflochtenes Haar, obgleich auch er einem vornehmen Geschlecht zu entstammen scheint. Ganz allein bei No. 7 findet sich aber eine purpurfarbene Binde, die vom Haupte aus mit Gold umflochten auf die Brust niederfällt, in deren Mitte sie zu einem runden Körper fest zusammengedreht oder von einem solchen umgeben zu sein scheint. Was dies runde, an der Oberfläche mit einem kleinen goldenen Ornamente gezierte Etwas vorstellt, lässt sich nicht erkennen. Sicher ist nur, dass es an der Binde bis auf die Mitte der Brust des Jünglings herabhängt.

Suchen wir jetzt an anderen ägyptischen Denkmälern nach einem ähnlichen Zierrath, so finden wir solchen, obgleich wir kaum eins unberücksichtigt liessen, nur an dem merkwürdigen Obertheil einer Statue im Museum von Bulaq wieder,[*]) die in den Trümmern jenes Krokodilopolis-Arsinoë gefunden wurde, dessen Bürger die Todten wahrscheinlich auf demselben Friedhofe begraben liessen, aus dem unsere No. 7 stammt. Das Bildsäulenfragment, das ein ähnliches Zierrath auf der Brust trägt wie das Portrait, gehört nun zu einer Gruppe von Monumenten, deren Hauptstücke Mariette in Tanis ausgrub und die er für Denkmäler aus der Zeit der Hyksos erklärte, deren Residenz eben dies Tanis war. Naville entdeckte andere ihrer Zeit angehörende zu Bubastis im Delta. Die Züge ihres Antlitzes, der Haarschmuck etc. weichen von rein ägyptischen Statuen weit ab, und die mit Fischen behängten Altäre, auf denen auch solche liegen und hinter denen ein Paar dieser Menschen steht, kommen sonst am Nile nicht vor. Man hielt sie gewöhnlich für opfernde Hyksoskönige oder Priester, aber auch für Flussgötter. Wegen unseres zu Krokodilopolis-Arsinoë gefundenen Statuenfragmentes, das gewiss eine Person von unägyptischer Herkunft darstellt, wenden wir uns der ersteren Auffassung zu. Auf die Frage, welcher Völkerfamilie die Hyksos angehörten, kann hier leider nicht näher eingegangen werden; es sei nur bemerkt, dass die Eindringlinge, die sich Aegyptens am Ende des dritten Jahrtausends vor Christus bemächtigten, sicher aus Asien stammten und ihren Ba'aldienst mit dem des am Nil heimischen Set verschmolzen. Dieser Dienst muss überall bestanden haben, wo Hyksos das Scepter führten und darum auch im Fajjûm. Die Männer hinter den Fischaltären sind doch wohl Priester des Ba'al, und das bei Krokodilopolis-Arsinoë gefundene Bildsäulenfragment stellt eine Persönlichkeit dar, die sicher zu dem nämlichen Volke gehörte wie jene.

---

[*]) Mariette, Notice des principaux monuments etc. du musée d'antiquités égyptiennes etc. à Boulaq. Alexandrie 1868, S. 58, No. 2. Eine genügende Abbildung am leichtesten erreichbar in Perrot und Chipiez, Histoire de l'art, Paris 1882, Tome I, p. 686, No. 467. In der dentschen Ausgabe bearbeitet von Richard Pietschmann. Perrot und Chipiez, Geschichte der Kunst im Alterthum, Leipzig 1884, S. 623, Fig. 467.

Wir möchten sie lieber für einen Oberpriester, als für einen König halten. Dafür spricht das Pantherfell, das der Dargestellte wie die Häupter der ägyptischen Hierarchie auf den Schultern getragen hatte. Der Kopf und die Klauen blieben erhalten. Auch vor dieser Figur hat wahrscheinlich ein Fischaltar gestanden, und wir bemerken dazu, dass die Gesammtheit der Ba'aldiener und besonders die Aramäer die von den Aegyptern mit Ausnahme weniger Arten für unrein gehaltenen Fische heilig hielten und sie für ihre Götter bald pflegten, bald sie ihnen darbrachten. Sie versinnbildlichten ihnen die geheimnissvoll in verborgener Tiefe waltenden Naturmächte, wie auch Ed. Meyer zutreffend erkannte.

Auf der Brust des aus Krokodilopolis - Arsinoë stammenden Hyksosfürsten oder Ba'alpriesters finden wir nun aber eine dem Schmuck unserer No. 7 genau entsprechende vom Hals herabhängende Binde, die auch dasselbe runde Object in der Mitte zeigt wie jene.

Daraus, dass der Krokodilgau für unheilig gehalten wurde, sowie aus manchem anderen Umstande, dürfen wir schliessen, dass der Ba'aldienst in der Hauptstadt des Fajjûm fortbestand, und dass der auf der No. 7 dargestellte junge Mann zu dem Geschlecht der Oberpriester des Ba'al von Krokodilopolis - Arsinoë gehörte, ist wahrscheinlich. Es wird auch durch die Inschrift auf der Rückseite der Tafel bestätigt, die, wie wir wissen, Ba'al 'adàr lautet (Seite 34), was „Ba'al hilft" oder „Ba'al ordnet an" bedeutet. Da die aramäischen Lettern, die diesen Namen bilden, frühestens um 300 vor Christus geschrieben worden sein sollen, standen sie vielleicht auf dem Brett, bevor das Bild gemalt wurde, und wie leicht konnte sich ein so beschriebenes aus älterer Zeit im Hause des Oberpriesters des Ba'al finden, dessen Würde erblich gewesen zu sein scheint. Der Sohn eines solchen Würdenträgers muss zu dem den König bedienenden Pagencorps gehört haben; denn sein Vater war, wie viele andere Oberpriester, gewiss zu den „Verwandten" des Herrschers zu rechnen, und als reifer Mann würde er selbst ihnen beigesellt worden sein. Die No. 7 zeigt ihn noch mit der Locke im achtzehnten bis zwanzigsten Jahre.

Die Tafel mit dem Namen Ba'al 'adàr könnte übrigens auch durch den Handel vor längerer Zeit aus einer asiatischen Landschaft nach Aegypten gebracht worden sein. Das Aramäische war schon unter den semitischen Nationen in den letzten vorchristlichen und den ihnen folgenden Jahrhunderten die Umgangs- und Schriftsprache, und der weit ausgedehnte Verkehr der Alexandriner verband sie aufs engste mit Vorderasien. So kann denn unser Brett von einer Kiste mit kostbaren Waaren stammen, vielleicht wurden auch Tafeln von Cypressenholz für die Maler aus Syrien, Phönizien oder Cypern importirt und auf dem Rücken mit der Firma des Lieferanten oder dem Namen des Bestellers versehen, wahrscheinlicher aber will es uns dünken, dass es seit langer Zeit in einem oberpriesterlichen Hause gestanden hatte, um dort den Bewohnern das „Ba'al hilft", das darauf steht, ins Gedächtniss zu rufen.

Die Zeichnungen auf dem Rücken der Tafel sind für Carricaturen gehalten worden, doch wohl mit Unrecht. Wir möchten sie eher für Versuche einer in der ägyptischen Vortragsweise geübten Hand ansehen, dem Maler zu verdeutlichen, was von ihm verlangt ward. Die runden, halb erloschenen Striche beziehen sich vielleicht auf die Locke und sollen dem Künstler ihre rechte Form vergegenwärtigen. Die Menge der Vermuthungen, die sich an diese Wahrnehmung knüpft, mag unausgesprochen bleiben. Nur einer wollen wir gedenken. No. 7 gehört nämlich trotz der Vornehmheit des Dargestellten keineswegs zu den besten Bildern. Sollte dieser in der Fremde — vielleicht auf Cypern — gestorben sein und hätte dort ein Maler das Portrait hergestellt, würde es sich anzunehmen empfehlen, dass der Aegypter, der die Mumie abzuholen gekommen war, für jenen auf der Rückseite der Tafel in der ihm eigenen Kunstweise hinskizzirt habe, worauf er Nachdruck gelegt zu sehen wünschte.

Heydemann's Versuch, unsere Locke mit einer Haartracht zu vergleichen, die Lucian an ägyptischen Knaben kannte und die ihn an den altionischen Krobylos erinnert, ist durchaus verfehlt; denn der κρωβύλος war eine mitten auf dem Scheitel emporstehende Haarflechte, und Lucian, Navigium §§ 2 und 3, sagt wörtlich: „Der Knabe trägt das auf beiden Seiten der Stirn zurückgestrichene Haar nach hinten aufgebunden." Das ist anschaulich genug, und unsere Locke wird immer nur auf einer Seite und am Ohre getragen. Lucian, dessen Schilderungen sich sonst überall durch Deutlichkeit auszeichnen, kann sie nicht gemeint haben.

Die Locke von No. 7 darf also unsere Meinung unterstützen, dass der auf ihr Abgebildete zu dem alten Geschlechte der Vorsteher des in Krokodilopolis-Arsinoë seit der Hyksoszeit bestehenden Ba'al- oder Setcultus gehört habe. War sein Vater der Oberpriester dieses Gottes, — denn er selbst erscheint dafür doch wohl zu jung, obgleich Heliogabalus noch jünger zu Emesa die Würde des Sonnenpriesters bekleidete, — so würden es die Ptolemäer kaum unterlassen haben, ihn an den Hof zu ziehen und ihrem vornehmen Pagencorps beizugesellen. Unsere No. 7 muss also spätestens am Schluss der Lagidenherrschaft im letzten vorchristlichen Jahrhundert hergestellt worden sein. Und diese Behauptung wird auch von anderen Gründen gestützt, die mit zwingender Kraft zu beweisen scheinen, dass die ältesten unserer Bilder bereits dieser Epoche, ja vielleicht oder wahrscheinlich schon dem zweiten Jahrhundert vor Christus, wenn auch erst seinem Ende, den Ursprung verdanken.

Fortsetzung des Nachweises, dass die ältesten Bildnisse unter den späteren Ptolemäern entstanden.

Verwandte Denkmäler auf Cypern und in Pompeji. Die Friedhöfe von Rubajjāt-Kerke und Hawāra. Der Hyacinthpurpur. Die linke Schwertseite. Blumen und Kränze.

Heften wir zuerst einen kurzen Blick auf verwandte Kunstwerke, sowie auf die Nekropolen von Kerke und Hawāra und prüfen wir dann die Besonderheiten einzelner Portraits, die Licht auf die uns beschäftigende Frage zu werfen verheissen.

Auf Cypern wurden zwei Särge in Mumiengestalt von Cesnola ausgegraben, deren Kopfenden mit Gesichtern geschmückt sind. Zwar sind sie Werke der Plastik, doch macht sie die portraitähnliche Darstellungsweise der Antlitze den ägyptischen Bildnisssärgen verwandt; beide aber wird jeder Unbefangene eher in die Ptolemäer- als in die Römerzeit setzen. Der eine Sarg (Cesnola Pl. XCI, 590) zeigt an Augen und Haar, dass das Gesicht bemalt war.*) Die Bemerkung des Entdeckers: „The treatment of the hair, though somewhat superficial, is yet of an excellent period. The type of the face also is large and simple in style" ist durchaus zutreffend. No. 589, die ihr gleicht, doch drei Reihen Locken trägt, war mit einer Inschrift versehen, doch ist sie so stark beschädigt, dass Cesnola sie nur mit einem ? phönizisch nennen kann. Spuren einzelner Lettern scheinen ihn zu bestimmen, sie für semitisch zu halten. Diese Gesichtersärge beweisen jedenfalls, dass man solche auf Cypern, und zwar wahrscheinlich in der Ptolemäerzeit verwandte.

Auch zu Pompeji finden sich Bilder, die an unsere Portraits lebhaft erinnern. Am nächsten steht ihnen das Doppelbildniss aus dem Hause des Bäckermeisters und rechtsprechenden Duumvir (Schöffe oder Friedensrichter im Magistrat) P. Paquius (Pacuvius) Proculus,**) das diesen ehrsamen Bürger und seine hübsche jüngere Gattin darstellt. Man hatte es an die Wand des Tablinum gemalt, und obgleich es ähnlich zu sein scheint, steht es doch an Kunstwerth weit hinter den besseren Graf'schen Portraits zurück. In der Vortragsweise stimmt es mit ihnen überein. Wir werden auf den schon längst vor dem Funde der Fajjûmportraits durch Helbig nachgewiesenen Einfluss der alexandrinischen auf die campanische Malerei zurückzukommen haben.

---

*) Cesnola, A descriptive Atlas of the Cesnola collection of cypriote antiquities etc.
**) Abgebildet in Niccolini, Nuovi scavi. Le case ed i monumenti di Pompeji. Napoli, I mestieri e le industrie dei Pompejani. Tavola I (links unten).

Das Erblühen der Kunst in Pompeji ist (auch nach Nissen) etwa von 200 bis 80 vor Christus zu setzen, und in diesem Zeitabschnitt, der doch wohl etwa in seiner Mitte die Gesichtermumien entstehen sah, macht sich der alexandrinische Einfluss am bestimmtesten geltend. Sind dort Bilder nachweisbar, die den unseren verwandt, so müssen die alexandrinischen als die früheren betrachtet werden, und die Entwickelungszeit auch der Malerei in dem 79 nach Christus zerstörten Pompeji kommt, wie gesagt, mit 80 vor Christus zum Abschluss. Auch unter den allerbesten campanischen portraitartigen Malereien findet sich aber keine, die nicht von den vorzüglichsten Mumienbildern in den Schatten gestellt würde, und auch dieser Umstand berechtigt uns doch wohl, die ersten unserer Bildnisse zwischen 200 und 80 und also in das zweite Jahrhundert vor Christus zu setzen.

Von Brustbildern, die nur bezwecken, an die dargestellte Person zu erinnern, auf die ethnische Stellung des Abgebildeten zu schliessen, ist ein missliches Unterfangen, finden wir aber unter einer langen Reihe von an der nämlichen Stelle gefundenen Portraits nur vereinzelt den rein römischen oder afrikanischen Typus, so sind wir, meinen wir, berechtigt, den Platz, wo man sie fand, als zu einer Colonie gehörend zu betrachten, in der sich römischer Einfluss noch wenig fühlbar machte und das ägyptische Element zurückzutreten hatte. Da nun die in der Nekropole von Kerke gefundenen Bilder fast nur griechische, semitische oder Mischtypen von beiden und daneben wenige andere zeigen, die uns eine Verschmelzung von hellenischem und ägyptischem Blut darzustellen scheinen, dürfen wir den Begräbnissplatz dieser Stadt für den eines Griechenortes halten, der auch, wie Alexandria und andere hellenistische Städte, semitischen Elementen Zugang gewährte und noch nicht gezwungen war, den Verwaltungs- und Militärbehörden des römischen Reiches Aufnahme zu gewähren.

Dies trifft für das Arsinoë vor dem Heimfall Aegyptens an das Weltreich zu.

Auch noch unter den Römern war es eine Griechenstadt; welche Bedeutung es aber unter den Ptolemäern hatte, geht schon aus dem Berichte des zuverlässigen Schweinfurth hervor, der („Reise in das Depressionsgebiet im Umkreise des Fajjûm")*) wörtlich von der Trümmerstätte des alten Krokodilopolis-Arsinoë sagt: „Die Münzen der Ptolemäer werden kiloweise als Kupfer verkauft."

Auch noch unter den Römern wurden in der Nekropole von Kerke Gesichtermumien beigesetzt, doch wie es uns nach den dort gefundenen scheint, in geringerer Zahl, — während die von Flinders Petrie und anderen bei Hawâra ausgegrabenen Leichen und Portraits grösstentheils der Kaiserzeit entstammen.

---

*) Zeitschrift der Gesellschaft für Erdkunde. Berlin 1886. Seite 148. A.

Dies Hawara (jetzt als Stätte des Labyrinths erwiesen) war um die Hälfte näher als Rubajjât-Kerke bei Arsinoë gelegen, und es darf darum angenommen werden, dass die diese Stadt, das ältere Krokodilopolis, bevölkernde griechische Colonie ihre Todten und von der Mitte des zweiten Jahrhunderts vor Christus an die Gesichtermumien gern bei Kerke, später aber lieber — vielleicht nach der Preisgabe des Labyrinths — bei Hawâra beisetzte.

Vergleicht man die besten Graf'schen mit den schlechtesten von ihm und Flinders Petrie nach Europa gebrachten, so wird es sofort einleuchten, dass diese Differenz gewiss mit dem Können der Maler zugeschrieben werden muss, dass aber auch ein Herabsinken der Kunst im Allgemeinen anzunehmen ist.

Es lässt sich übrigens auch nachweisen, dass die Sitte, Gesichtermumien herzustellen, lange dauerte. Theils geht dies aus der Verschiedenheit in der Ausstattung und in dem Costüm der Bestatteten, theils aus der Aenderung der Methode der Malerei hervor. Anfänglich — und darum auf den besten Bildern — bediente man sich am häufigsten der Enkaustik und liess es später öfter mit der a tempera-Malerei genug sein. Besonders bemerkenswerth ist aber der Umstand, dass sich auch eine auf beiden Seiten bemalte Tafel fand. Das zweite Bild steht an Kunstwerth weit hinter dem ersten zurück, und bei der Pietät, mit der man die Mumien conservirte, musste schon eine gute Zeit vergangen und mehr als ein Geschlecht ausgestorben sein, bevor man es wagen durfte, eine Tafel von der Leiche abzureissen und sie für die Herstellung eines neuen Portraits zu benutzen.

Wir fassen diesen Ueberblick in dem Satze zusammen: Arsinoë, die hellenistische Colonie, bediente sich zweier Friedhöfe. Der erste war der viel weiter entfernte von Kerke. Ihm lief aus unbestimmbaren Gründen der ältere von Hawâra den Rang ab. In der Römerzeit wurde dieser der bevorzugte Friedhof, auf dem sich neben früheren Gesichtermumien und schöneren Portraits in der grossen Mehrzahl spätere Bildnisse fanden, von denen uns viele der Zeit des Hadrian, andere sogar der der Antonine und ihrer Nachfolger zu entstammen scheinen.

Unterziehen wir nun unter den Graf'schen Bildern die besten und ältesten einer näheren Prüfung, so finden wir unsere Zeitbestimmung durch manchen einzelnen Umstand bestätigt.

Zunächst begegnen uns viele Gewandstücke, die mit Purpur gefärbt sind. Nun ist es bekannt, dass schon Julius Cäsar den Gebrauch des Purpurs nur bedingungsweise gestattete, dass Nero ein weit schärferes Gesetz gegen das Tragen von Gewändern in dieser Farbe erliess und dass Gratian, Valentinian und Theodosius es viel später neu untersagten. Doch Adolf Schmidt wies nach, dass, obgleich es ja im Interesse der Kaiser lag, den Purpur, der ihnen allein zukam, in einer Zeit, wo purpuram sumere und imperium sumere das Gleiche bedeutete, anderen vorzuenthalten, das Tragen von Purpur im Allgemeinen nie verboten war. In Streifen, in Bandform und zur Garnirung wurden gewöhnliche Purpurstoffe stets benutzt. Auch auf unseren Bildern ist manches der erwähnten Bänder mit hellerem Purpur gefärbt, tragen mehrere Männer und Frauen Kleider in dieser Farbe. Das wäre ihnen auch in der Kaiserzeit gestattet gewesen. Dagegen war es während derselben den Privaten stets streng verboten. Mäntel in zwei anderen bestimmten Nüancen und Sorten dieser Farbe zu tragen. Es waren, wie A. Schmidt sicher nachweist, erstens der Blut- oder Hochblutund zweitens der edle Hyacinth- oder Amethystpurpur. Dieser war dunkel violett, eine Mischung von schwarzer Purpurfarbe und Buccin. Er war die kostbarste und vornehmste aller Farben, die man color principalis, eximius, felix nannte, die nur den Kaisern zukam und an die Augustus sicherlich mitdachte, wenn er sie neben sich selbst nur noch den Senatoren im Amt zu tragen gestattete. Vergil (Georg. IV v. 275) sagt von ihm: „Violae sublucet purpura nigrae" unter dem schwarzen Veilchen hervor leuchtet der Purpur. Ein echter Mantel in Hyacinth- oder Amethystpurpur war ausser dunkel violett auch in unserem Sinne „changeant", das heisst so gefärbt, dass sein schwärzliches Veilchenblau im Lichte auch röthlich aufschimmern konnte.

Solchen Mantel zu tragen hätte von Julius Cäsar an kein Privatmann oder Beamter sich erlauben dürfen, und wenn unsere Portraits dennoch Männer zeigen, die mit ihm einhergingen, so müssen sie vor der Kaiserzeit gelebt haben; denn noch Theodosius erliess gegen seinen Gebrauch ein Gesetz. Es war eben das Privileg des Kaisers, sich der in dieser Farbe prangenden Stoffe zu bedienen.

In der Ptolemäerzeit durfte in Aegypten Jedermann solche tragen, und daselbst scheint damals die Purpurfärberei nicht weit hinter der von Tyrus zurückgestanden zu haben; — wenigstens war alexandrinischer Conchylienpurpur zur Zeit des Plautus († 184 vor Christus), das heisst in der Epoche, an deren Ende die ersten unserer Portraits entstanden zu sein scheinen, berühmt.

Unter den Graf'schen Bildnissen finden sich nun aber — und das Folgende scheint uns entscheidend — vier Männer, die Mäntel von Hyacinth- oder Amethystpurpur tragen. Es sind die auf 22, 6, 4 und 5 abgebildeten, und es kann kein Zufall sein, dass sie alle und sie allein, auch durch andere Merkmale als besonders hochstehende Herren gekennzeichnet werden und das mit Buckeln versehene Wehrgehänge tragen, an dem das Schwert in einer Weise hängt, die sie als Griechen kennzeichnet.*) Es war nämlich in

---

*) Man sieht zwar nicht das Schwert selbst, doch muss es natürlich am Ende des Bandeliers gehangen haben, das in drei unter vier Fällen von der rechten Schulter aus nach links hin über die Brust läuft.

hellenischer Weise links angebracht, während die Römer es an
der rechten Seite trugen. Ein hoher römischer Beamter oder
Truppenführer wie No. 22 hätte seine Waffe nicht an der Linken
geführt. Diesem Herrn war auch auf den Hyacinthpurpurmantel
eine goldene Agraffe geheftet worden, und das Haar umzog ihm
ein goldener Lorbeerkranz mit zwei Blätterreihen. Was sollte dies
Abzeichen an dem ohnehin unmöglichen Hyacinthpurpurmantel eines
hohen römischen Beamten? Dagegen wissen wir aus zuverlässigen
Berichten, dass die ptolemäischen Könige den ihnen nahe stehenden
συγγενεῖς oder „Anverwandten", von denen wir schon sprachen,
solche goldene Agraffe schickten, die sie allein zu tragen berechtigt
waren.*)

Bei No. 6 fehlt nur der goldene Kranz. Auch an seinem
Wehrgehänge hing das Schwert an der linken Seite. Ein Streifen
von Blutpurpur zieht sich über den weissen Chiton hin. Der dritte
Träger eines Mantels von Hyacinthpurpur ist mit einem goldenen
Lorbeerkranz geschmückt, an dem die Blätter drei zu drei einander
folgen. Auch bei ihm hängt das Schwert an dem mit Buckeln
besetzten Bandelier an der Linken. Bei No. 5 fehlt der Kranz,
der Hyacinthpurpurmantel ist aber mit einer goldenen Agraffe geziert.
Das Bandelier mit Buckeln zieht sich beinahe horizontal von der
Linken zur Rechten hin. Es sitzt sehr hoch. Besonders der Mund
scheint auf die semitische Herkunft dieses Herrn zu deuten, der
vielleicht aus römischen Diensten in das Heer der Lagiden trat.
An den Gewändern der übrigen Männer und Frauen suchen wir den
Hyacinthpurpur vergebens. Die mit anderen Nüancen dieser Farbe
vorkommenden Stoffe sind für uns von keiner Bedeutung; der Umstand aber, dass die Träger von Mänteln in Hyacinthpurpur zu
gleicher Zeit die einzigen sind, die das Schwert an einem Bandelier
mit Buckeln tragen und dass drei von ihnen die Waffe in griechischer Weise an der linken Seite führen, tritt lebhaft für unsere
Ueberzeugung ein. Jüdische Feldhauptleute waren unter den
Ptolemäern nicht selten. Onia (unter Philometor, † 146) ist wohl
der bekannteste.**) Welcher römische General, der es gestattet
hätte, sich in hellenistischer Weise als Gesichtermumie bestatten zu
lassen, kann mit einem Hyacinthpurpurmantel, den eine goldene
Agraffe wie ein Ordensstern schmückte, und mit dem Schwert statt an
der Rechten an der Linken gedacht werden? — Unter den späteren

---

*) Lumbroso. l. l. S. 190. Letronne. Recueil des inscriptions grecques et
latines de l'Égypte, Paris 1845—48, I, 349. Schon im alten Aegypten wurden
von den Pharaonen ähnliche Auszeichnungen verliehen. Auf der von uns entdeckten biographischen Inschrift des Amen en heb (18. Dyn.) wird dieser dem
Könige nahe stehende Mann mit dem Schmuck vom goldenen Löwen geehrt, und
schon vor ihm war der Admiral Ahmes ähnlich decorirt worden.

**) Das hellenische Bürgerrecht war auch auf die Juden übertragen worden.
Josephus contra Apionem. II, 9.

Ptolemäern kann man sich einen Feldhauptmann und „Verwandten des Königs" kaum anders gekleidet vorstellen. Diese vier bezeichnenden Bilder sind auch so vortrefflich gemalt, dass man sie schon deswegen in die frühe gute Zeit setzen möchte. Die viele Frauenbildnisse schmückenden Blumen und Kränze sind nur insofern von entscheidender Bedeutung für die Zeitbestimmung, als sie beweisen, dass ihre Trägerinnen keine Christinnen, sondern Heidinnen waren und dass man sich bei der Bestattung von einigen mancherlei heidnischer Gebräuche bediente. Schon in der Pharaonenzeit liebten es ja die Aegypter, sich mit Blumen zu schmücken. Bei allen Festen wurden sie in Fülle gebraucht, und auch die zu Dêr el-Baḥri entdeckten Leichen vieler männlicher und weiblicher Mitglieder des Pharaonenhauses waren mit Blumen geziert. Auch goldene Kränze, die denen gleichen, die man auf einigen unserer Portraits findet, setzte man den Mumien auf das Haupt. Einen besonders schönen fand H. Rhind in Theben und gab seine Abbildung.*) Man flocht aus Papyrus so anmuthige und leichte, dass Plutarch von Agesilaus erzählt, er sei von demjenigen, der ihm, als er nach Aegypten kam, überreicht wurde, so entzückt gewesen, dass er sich beim Abschied einen zweiten ausgebeten habe. Wir brauchen nicht hervorzuheben, was den Griechen, und in ihrer Nachfolge den Römern, Kränze in der Heidenzeit galten. Mit der Einführung des Christenthums ging ihr Gebrauch stark zurück, und schon die Art und Weise, womit wir die Leichen von Kerke mit goldenen und Blumenkränzen schmücken sehen, beweist wenigstens, dass unsere Bildnisse Heiden darstellen. Der Kranz, den No. 9 trägt, ist besonders bezeichnend, weil er ganz so verfertigt ist wie die Blätterbänder, die sich an den zu Dêr el-Baḥri gefundenen Königsmumien fanden. Man bildet sich von diesem Kranze, der aus Blüthen besteht, die ich nicht botanisch zu bestimmen wage, eine Vorstellung, indem man der Halsketten gedenkt, die unsere Kinder sich machen, indem sie die Spitze einer Blüthe des Flieders (Syringa, Sambucus) in den Kelch der anderen stecken, bis sie ein langes Blumenband bilden. Bei dem Pflanzenschmuck der Mumien aus der Pharaonenzeit steckte man unter anderem ein Weidenblatt in das andere, bis er einen ähnlichen Streifen darstellte, mit dem man die Leiche umwand. Auch der Wollkranz und die Wollbinden auf No. 38, 9 und 25 sowie die Tänien auf anderen Portraits kommen sonst nur auf heidnisch-hellenischen Grabbildern aus vorchristlicher Zeit vor. Der Wollkranz auf dem Haupt des Knaben (?) No. 38 gehört durchaus in die heidnisch-griechische Todtenbestattung. Auch Becher finden wir in der Hand der Abgebildeten, und die Edicte des Theodosius untersagten es, beim

---

*) H. Rhind, Facsimiles of 2 Papyri found in a tomb at Thebes. London 1863. Tf. zu S. 26, Fig. II.

Cult der Laren, der Penaten und des Genius, mit dessen Verehrung unsere Portraits so nahe zusammenhängen, Blumengewinde zu benutzen.

Fassen wir das Gesagte wiederum zusammen, so ergeben sich die folgenden Sätze:

Die **Graf'schen Portraits stellen sämmtlich heidnische Männer und Frauen dar.**

Die ältesten sind in der Ptolemäerzeit und kaum später als im zweiten Jahrhundert vor Christus entstanden.

Dauer der Herstellung von Gesichtermumien bis zu den Edicten des Theodosius. 392.

Die Edicte. Bilder aus der Zeit des Hadrian. Tracht des Bartes. Zusammenhang der Gesichtermumien mit früheren Kunstformen.

So halten wir es denn für erwiesen, dass die Sitte der Herstellung der Gesichtermumien im 2. Jahrhundert vor Christus begann und bis ans Ende des 4. Jahrh. nach Christus fortdauerte, an dem der Präfect Cynegius die Edicte des Theodosius 385 in Syrien und Aegypten durchzuführen begann. In dem vom 10. November 392 heisst es, Niemand, wes Alters und wes Standes etc. er auch sei, solle, wo auch immer, ein unschuldiges Thier als Opfer darbringen, oder bei sündhaften Mysterien (beim Todtencult) seinem Lar durch ein Feuer, das er ihm entzündet, seinem Genius mit ungemischtem Wein, seinen Penaten durch duftende Specereien Verehrung darbringen, Lichter und Weihrauch entzünden oder zusammengeflochtene Blumen aufhängen. Wer dagegen und gegen anderes verstösst, dessen Haus oder Eigenthum solle zur Strafe confiscirt werden.*)

Dazu muss bemerkt werden, dass der Lar und der Genius, denen es hier verschiedenes und auch Blumen darzubringen verboten wird, in Gestalt der Bilder der Verstorbenen angerufen zu werden pflegten und dass beide, namentlich aber der Genius, dem ägyptischen Ka, dem die Sitte der Herstellung von Gesichtermumien den Ursprung verdankte und der gleichsam an ihnen haftete, genau entsprachen.

Um den Genius der Verstorbenen verehren zu können, waren etliche der in der Nekropole gefundenen Sargkisten, in der die Mumien geruht hatten, wie Stadler mittheilt, so beschaffen, dass man den Deckel aufschlagen konnte; trug doch, wie schon oben mitgetheilt

*) Codex Theod. XVI, 10, 12.

wurde, der Ka oder Genius die Gestalt des Dahingegangenen, die das Portrait dem Anbeter vergegenwärtigte. Darum richteten sich die Edicte des Theodosius wohl auch mit gegen unsere Mumien. Viele derselben erweisen sich als Leichen hoher Beamter oder als Familienmitglieder von solchen. Hätte man sie nach jenen Edicten bestattet, wäre damit einerseits durch die Anbringung des Portraits, anderseits durch den Schmuck mit Blumen gegen das Gesetz verstossen worden, — und dass die Gesichtermumien nicht heimlich bestattet, sondern öffentlich versandt und auf den gewöhnlichen Begräbnissplätzen beigesetzt wurden, wissen wir genau. Wir bestehen darum auf dem Ende des vierten Jahrhunderts für die Herstellung der letzten Stücke der hier behandelten Denkmälergruppe.

Zwischen diesem terminus ad quem und der Verfertigung der ersten Gesichtermumie liegt also ein ziemlich langer Zeitraum, und eine Reihe unserer Portraits entstammt schon seinem Anfang, das ist der Mitte oder dem Ende des zweiten Jahrhunderts vor Christus.

Unter Hadrian (117—138 nach Christus) wurden verschiedene gemalt. Das beweisen etliche Särge und die wahrscheinlich an ihren Fundorten ausgegrabenen Etiketten. Nur von wenigen ist die Herkunft sicher bezeugt. Gegenüber den schon erwähnten Berliner Särgen konnte Wilcken dagegen mit Sicherheit feststellen, dass der Phaminis, der in dem ersten ruhte, ein Enkel des auch sonst vorkommenden Archonten von Theben Soter war. Die beiden Schwestern Sensaos und Tkauthi aber, die in dem anderen lagen, sind Töchter desselben Mannes. Sie gehören bestimmt in die Zeit des Hadrian. Die Bilder an ihnen sind von ganz geringem Kunstwerth und weichen insofern von den Graf'schen ab, als sie die ganze Figur der dargestellten Kinder wiedergeben und auf den Boden der Särge gemalt sind. Die sechs Pariser Portraits sind zwar nicht sicher bestimmbar (s. S. 16), doch stammen sie ungefähr aus derselben Zeit. Die Mumienetiketten gehören grösstentheils in das erste oder zweite Jahrhundert n. Chr.; sicher eins, das mit der Cursive dieser Zeit beschrieben ist. Sie wurden übrigens so lange nach dem Tode des Bestatteten verfertigt, als man die Mumie im Hause behielt. (S. S. 71.)

Vielleicht wurde erst unter den Römern die Etikettirung der Mumien üblich, vielleicht gehören unter den mit Uncialen beschriebenen, denen gegenüber die Zeitbestimmung unmöglich ist, einige in das Ende der Ptolemäerzeit, vielleicht ward zufällig noch keins der ältesten gefunden. Wenn Heydemann versuchte, von dem grössten Theil unserer Portraits zu erklären, er sei während oder nach der Regierung des Hadrian entstanden, weil dieser Kaiser der erste war, der einen Bart trug, weil die meisten Graf'schen Bildnisse gleichfalls einen Bart zeigen und fast alle Ptolemäer bartlos gewesen seien, können wir diesem Schlusse nicht beipflichten. Die Gesichter mit der Locke, die nach unserer Meinung dem Lagidenhause nahe

stehenden Menschen angehört hatten, sind jedenfalls bartlos, und ist
es denn ein im Alterthum gültiges Gesetz, dass sich die Unterthanen, und noch dazu in einer keineswegs loyalen Provinz, in der
Barttracht genau nach der des Kaisers richteten? Das Gegentheil
lässt sich unschwer beweisen. Die Ptolemäer trugen allerdings
grösstentheils keine Bärte; die so häufig aufsässigen Alexandriner
werden sich aber wenig darum gekümmert haben, und die Lagiden
liessen sich auch nur rasiren, weil die Tradition unter ihnen gebot,
auch äusserlich dem grossen Alexander ähnlich zu erscheinen.
Sieht man die von Poole*) schön herausgegebenen Ptolemäermünzen des British Museum durch, so findet man zwar bei Philo-
pator einen kleinen Backenbart und bei dem auf Cypern herrschen-
den Bruder des Auletes einen stattlichen Vollbart, ja es wäre
möglich, auch diesem oder jenem anderen Lagiden zuzutrauen, zeit-
weilig einen Bart getragen zu haben;**) im Ganzen aber zeigen
sie glatt rasirte Gesichter. Der Laie, der diese Münzphotographien
betrachtet, wird freilich geneigt sein, fast alle Dargestellten für
stark bärtig zu halten; denn auf der Hälfte der Münzen lassen sie
sich, in der Nachfolge des Alexander, conventionell als Zeus oder
Jupiter Ammon mit und ohne Widderhörner, immer aber mit jenem
starken Barte darstellen, der von den berühmten Zeus- oder Serapis-
statuen her bekannt ist. Auch die in reifen Jahren gemalten Männer
auf unseren Portraits gestatten an Kinn und Oberlippen zu wachsen,
was wachsen will; nur halten sie es weit kürzer, als sie es an den
Statuen der genannten Götter zu sehen gewohnt sind. Die Epheben
brauchten fleissiger Rasiermesser und Scheere. Wie wenig zutreffend
der Heydemann'sche Schluss ist, lässt sich durch viele Beispiele
belegen. So trug Antonius, der Hauptvertheidiger der Sache des
bartlosen Cäsar, einen stattlichen Vollbart. Einen etwas weniger
starken liess Seneca am Hofe der bartlosen Kaiser wachsen, und
Hadrian, der als erster bärtiger Kaiser, das Haar an Kinn und
Wangen stehen liess, um, wie es heisst, ein Maal damit zu verdecken, konnte dadurch doch nicht seinen Schwager Servianus be-
wegen, den seinen nicht zu rasieren. Diesen dem Kaiser nahe
stehenden Herrn, an den der berühmte Brief des Hadrian aus
Alexandrien gerichtet ist, zeigt seine Büste auch in höheren Jahren
mit glattem Gesichte. Wohlhabende Privatmänner, wie unsere Portraits sie darstellen, finden sich nur auf wenigen Denkmälern. In
der Komödie treten sie auch unter den bartlosen Kaisern oder vor
ihnen bärtig auf (Relief im Museo Borbonico zu Neapel. Schreiber,
Wiener Brunnenreliefs, S. 25) und die Landleute im hellenistischen
Aegypten tragen, wie das gewiss aus Alexandria stammende Relief

---

*) R. St. Poole, Catalogue of greec coins. The Ptolemies, kings of Egypt.
**) Philometor lässt sich neben der Kleopatra I. mit dem Vollbart abbilden
(l. l. T. XVIII, 8); doch scheint auch hier der Zeustypus gewählt zu sein.

in der Münchener Glyptothek beweist, das einen zu Markte ziehenden Bauern darstellt und vor der Zeit des Hadrian angefertigt wurde, so Voll- wie Schnurrbart. Und dann! Hätten die Aegypter wirklich die Haartracht und den Bartschmuck der Kaiser nachgeahmt, würde es doch wohl auch die Frauen gereizt haben, die Haartour der Kaiserinnen zu tragen. Davon ist jedoch auf keinem unserer Bilder die Rede und kann es kaum sein, weil die Alexandrinerinnen und auch ihre Gatten und Väter ihren Geschmack für feiner und nachahmenswerther hielten als den der Römer. Darin irrten sie auch mit nichten. Man bedurfte in Rom ihrer Künstler, und in Kampanien, wo trotz und in Folge des furchtbarsten Vernichtungswerkes der Natur so viel erhalten blieb, zeigt es sich am Besten, wie mächtig besonders die Malerei der Alexandriner auf die italische einwirkte. Hätte Heydemann Recht, so müssten die dort gefundenen Portraits der angesehenen Bürger, die wahrscheinlich unter den bartlosen Herrschern und jedenfalls lange vor Hadrian entstanden, gleichfalls glatt rasierte Gesichter zeigen; doch das Gegentheil ist der Fall; denn das Bildniss, das den Graf'schen am nächsten steht, das des uns bekannten Bäckermeisters und Duumvir Paquius Proculus,*) der sich zusammen mit der Gattin auf die Wand des Tablinum seines Hauses malen liess, die Herren, die dem Brettspiele zuschauen etc. zeigen einen Schnurrbart und kurz gehaltenen Vollbart, genau wie die meisten Graf'schen Portraits von Männern in reiferen Jahren (No. 3—6, 20, 22, 26, 28, 41, 44, 49, 50, 64, 69) und wie die Büsten des Hadrian, der doch erst achtunddreissig Jahre nach der Verschüttung Pompeji's zur Regierung kam.

Am entschiedensten widerlegt wird aber der Heydemann'sche Einfall durch einen Mumienkopf im Besitz R. Virchow's,**) dem wir zwei andere zur Seite stellen können. Er gehörte einem hohen Herrn aus dem zehnten Jahrhundert vor Christus an und ist mit einem Schnurr- und Backenbarte geschmückt, dessen Schnitt dem unserer No. 3—6, 20 etc. sowie dem der Hadrianbüsten entspricht. Es geht aus diesem Kopfe hervor, dass vornehme Aegypter schon in älterer Zeit und ein Jahrtausend vor dem ersten bärtigen Kaiser kurz gehaltene Vollbärte trugen und darum Kinn und Oberlippe lange nicht so allgemein rasierten, wie man es nach den Monumenten aus der Pharaonenzeit denken sollte. Die glatten Gesichter der Bilder und der Statuen mit den angesetzten Bärtchen geben nur gemäss der typischen Weise der ägyptischen Kunst die älteste Barttracht, die die Mode längst überwunden hatte, conventionell wieder. Wäre der Vollbart den Aegyptern etwas an angesehenen Männern ganz Fremdes gewesen, hätten sie es dem Alexander und

---
*) Nicc. nuovi scavi l. l. I mestieri e l industrie dei Pompejani. Tav. 1.
**) R. Virchow, Bildertafeln aus ägyptischen Gräbern. Verhandlungen der Berliner Gesellschaft für Anthropologie etc., 19. Januar 1889, S. 43.

seinen Nachfolgern kaum gestattet, den Jupiter Ammon, dessen Vollbart auf ihren nationalen Denkmälern der angesetzte Bart oft conventionell darstellt, mit einem starken Barte darzustellen. Als das bärtige Bild des Serapis unter dem ersten Ptolemäer im letzten Viertel des dritten Jahrhunderts vor Christus bei ihnen eingeführt wurde, bequemten sie sich willig zu seiner Verehrung.

Die Barttracht lässt sich also nicht als chronologisches Hülfsmittel benutzen. Sie scheint uns auch als solches wohl entbehrlich: denn was einzelne Indizien uns lehrten, das wird durch das Hineinversetzen in die Geschichte der Entstehung und weiteren Verwendung unserer Portraits ohnehin bestätigt.

Im neunten und achten Jahrhundert vor Christus hatte sich nämlich die Sitte verallgemeinert, die Mumie, die man dann noch in einen Holzsarg und, ging es an, in einen Steinsarkophag stellte, mit jener Cartonnagenhülle in Mumienform zu umgeben, deren wir schon oben gedachten und an der man auch über dem Gesicht eine vergoldete oder gemalte plastische Nachbildung desselben anbrachte, die in vielen Fällen portraitähnlich sein sollte. Diese Sitte kam während der 26. Dyn. 664—525 zur Blüthe. Sie überdauerte die Perserzeit (525—333) und ging auch, nachdem Alexander der Grosse Aegypten erobert hatte, in die der Ptolemäer über, mit der der Hellenismus am Nil Wurzel fasste. Derjenige, der sich in jüngerer Zeit besonders erfolgreich mit der Kunst dieser Epoche beschäftigte, ist Th. Schreiber, und sein Wort (Wiener Brunnenreliefs, S. 20): „Man darf es als den Grundzug der Diadochenkunst bezeichnen, dass in ihr auf allen Gebieten — in der Architektur nicht minder als in der Plastik — dieselben malerischen Tendenzen gleich stark hervortreten.... Auch darin sind beide Epochen (die letzte der klassischen, das ist die hellenistische und die der modernen Kunst) vergleichbar, dass sie der Malerei eine vorwiegende Bedeutung, ein gewisses Uebergewicht über die Plastik einräumen."

Auch bei den funerären Denkmälern der hellenistischen Aegypter machte sich dies Uebergewicht der Malerei geltend. Das Gesicht, das früher die Mumiensärge in plastischen Formen schmückte, ward jetzt auf Tafeln gemalt und an die Mumien befestigt. Die gesammte Richtung der Kunst führte nothwendig zu diesem Vorgang, nachdem im zweiten Jahrhundert vor Christus die hellenistische Bevölkerung Aegyptens nachgewiesener Maassen sich bequemt hatte, ihre Todten zu mumisiren. Unter den späteren Lagiden fällt das Versehen der Leichen mit ihrem Portrait mit zahlreichen ähnlichen Neubildungen zusammen, — unter den Römern würde eine solche vereinzelt dastehen und sich der Erklärung durchaus entziehen, ganz abgesehen davon, dass das zweite Jahrhundert nach Christus nichts mehr an Malereien hervorbrachte, was sich mit den besten der hier behandelten Portraits vergleichen liesse. — Dass mit der Malerei überhaupt auch die der Mumienportraits in Verfall gerieth, ist natürlich, und in vielen Fällen wird darum angenommen werden dürfen, dass die schlechteren Mumienbilder die jüngeren sind. Dieser Satz gewinnt Bestätigung durch die Beobachtung, dass die guten und darum alten Bilder sich durch die vollendetste Individualisirung auszeichnen, — während die, welche sicher aus der Zeit des Hadrian stammen, und die ihnen verwandten, ein so typisches Gepräge gewinnen, dass die Vermuthung, viele seien im Voraus auf Bestellung gemalt worden, nicht von der Hand gewiesen werden darf. — Natürlich ist die höhere oder geringere Vollendung der Portraits nicht ausschlaggebend für ihr Alter; denn es werden zu jeder Zeit von ärmeren Familien auch geringere Künstler mit der Herstellung von Mumienportraits betraut worden sein, bis die Edicte des Theodosius es strafwürdig machten, mit solchen versehene Leichen überhaupt zu bestatten.

Auch diese Erwägungen stützten den, wie wir glauben möchten, nunmehr genügend gesicherten Satz, dass unsere frühesten Portraits in der späteren Lagidenzeit, etwa von der Mitte des zweiten Jahrhunderts an und die letzten vor dem Erlass der Edicte des Theodosius hergestellt wurden. Diejenigen, welche man von der Zeit des Hadrian an an die Leichen heftete, zeigen schon den Rückgang deutlich genug. Uebrigens begann man auch schon unter den Antoninen die Leichen unmumifsirt zu begraben.

Die hellenistische Cultur. Der Realismus und unsere Bildnisse. Einzelne Männerportraits.

Werfen wir nun einen Blick auf die Entwickelung des hellenistischen und besonders des alexandrinischen Lebens in Aegypten, und berücksichtigen dabei die besten der Graf'schen Portraits, die, wie gesagt, auch wohl die ältesten sind, so finden wir, dass die Kunst, die ja selbst als wichtiger Factor bei der Entwickelung der Besonderheit dieses Lebens angesehen werden muss, ihrerseits durchdrungen war von den markantesten Eigenthümlichkeiten eben dieses Lebens und der uns beschäftigenden Bildnisse.

Wie stark dies Leben auf das Reale gerichtet war, ist bekannt und jüngst auch für die Kunst erwiesen worden. Einzelne ihrer Werke, die bis auf uns kamen, erinnern in ihrem naturalistischen Gefallen an der Widergabe der Wirklichkeit an ähnliche Werke aus unseren Tagen. Dennoch hatte man der Schönheitsfreude der älteren Zeit und des Mutterlandes keineswegs abgesagt, und die specifisch hellenistische und alexandrinische Kunst ist auch auf anderen Gebieten als dem der Bildnissmalerei als eine durchaus eigenartige erkannt und behandelt worden. Ein bezeichnendes Merkmal ist, dass sie mit hellem Blick die darzustellenden Objecte scharf ins Auge fasst und sie realistisch, treu auch in den Einzelheiten, wiederzugeben trachtet. Helbig, der in seinen Untersuchungen über die kampanische Wandmalerei den Einfluss der Kunst in der Diadochenzeit, die zu Alexandria die schönsten Blüthen trieb, auf jene richtig erkannte, ist völlig im Rechte, wenn er hervorhebt, dass nicht nur in der Malerei, sondern auch in der Geschichtschreibung dieser Epoche jene reale Vortragsweise, auf die wir als Merkmal hindeuteten, sich nachweisen lässt. Denn die Historiker der Zeit nach Alexander fassen in der That die zu behandelnden Persönlichkeiten nicht mehr lediglich als geschichtliche Charaktere auf, sondern suchen ein in viele Einzelheiten eingehendes Bild derselben zu geben, indem sie ihr Aeusseres, ja selbst die Art, wie sie sich kleideten und zu Speise und Trank verhielten, sowie mancherlei anekdotenhafte Eigenthümlichkeiten aus ihrem Privatleben schildern. Aber der gleiche realistische Zug lässt sich auch auf jedem anderen Gebiete der alexandrinischen Wissenschaft erkennen; ja er darf als Vorläufer der beobachtenden Methode unserer Tage bezeichnet werden, und besonders auf dem Gebiete der Naturwissenschaften waren es die Gelehrten, die der ptolemäische Hof in das von ihm gestiftete Museum berief, die mit dem alten Systematisiren und metaphysischen Irrlichteriren brachen, um die Erscheinungen der Wirklichkeit scharf und mit echtem Forscherblick ins Auge zu fassen. So ist denn die wissenschaftliche Methode keines anderen Gelehrtenkreises der unseren näher gekommen. Wie es ihr im Bereiche der Medicin gelang, durch Sectionen der zum Tode verurtheilten Gefangenen das Hirn als Sitz der Intelligenz und die Functionen des Herzens richtig zu erkennen, ja wie sie sogar Vivisectionen von Thieren und Menschen zum Zwecke der Forschung vornahm,[*]) so ist ihr die Kraft des Wasserdampfes nicht entgangen, hat sie mechanische Gesetze der wichtigsten Art gefunden und die Erdmessung mit den gleichen Hülfsmitteln vorzunehmen gelehrt, deren wir uns seit Eratosthenes heute noch bedienen.

So wird unter den Ptolemäern in der Stadt Alexanders die Wissenschaft durch Erwerbungen der mannichfaltigsten Art in vorher nicht dagewesener Weise bereichert, und Hand in Hand mit

---

[*]) Tertullian (de anima 10) sagt von dem Arzte Herophilus, der schon unter Ptolemäus I. Soter nach Alexandria kam, dass er zahllose Menschen secirt habe „ut naturam scrutaretur". Um die Frage zu verneinen, dass es in der Seele ein $\dot{\eta}\gamma\varepsilon\mu o\nu\iota\varkappa\acute{o}\nu$, das heisst ein leitendes Princip, Höchstes, Oberstes gebe, schneidet Asklepiades verschiedenen Thieren die Köpfe ab und beraubt sie des Herzens, ohne das sie dennoch eine Zeit lang leben und empfinden können sollten. Harnack, Medicinisches aus der ältesten Kirchengeschichte. 1892. S. 46.

den Forschungen der Gelehrten und den Schöpfungen der Künstler geht ein Welthandel im grössten Stil, der bis dahin unbekannte Erdstriche erschliesst und die Völker und Stämme der damaligen Welt einander immer mehr nähert. Unermessliche Schätze fliessen durch ihn den rührigen Kaufherren hellenischen, semitischen und auch ägyptischen Stammes zu, und weil in Alexandria sich alles zum Gebrauche der griechischen Sprache und Lebensführung bequemt und die Herrscher hier das Beispiel geben, sich um geistige und ideale Bestrebungen zu kümmern, die dem hellenischen Wesen ohnehin werth und eigen, betheiligt der reich gewordene Kaufherr, Rheder und Industrielle sich und seine Söhne an Wissenschaft und Kunst und bedient sich beider, um das Dasein zu zieren. Es freut den in der Arbeitszeit auf Erwerb gerichteten Geist, in den Mussestunden an den Meinungsverschiedenheiten der Philosophen, Theosophen und anderen Gelehrten theilzunehmen, und der Begüterte bietet die Künstler auf, um mit Hülfe ihres Genius und seiner Reichthümer das Haus in einer Weise zu schmücken, die früher und anderwärts unerhört war. Wir kennen jetzt die mehr genrehaften, das Landschaftliche in neuer Weise berücksichtigenden Bildwerke, mit denen die alexandrinischen Reichen die Wände ihrer Wohnräume zu bekleiden liebten, wir wissen, dass jene zu den Nippessachen gehörenden Statuetten, unter denen der von Schreiber behandelte Obstverkäufer an erster Stelle zu nennen ist und die Motive aus dem Leben in wunderbar, manchmal bis zum Aeussersten wahrhaftiger, realistischer Vortragsweise darstellen, Alexandria den Ursprung verdanken. Ebenso zeigen nun auch unsere Portraits, wie die hellenistischen Bewohner Aegyptens jener Zeit das eigene Bildniss möglichst individuell, möglichst der Wirklichkeit entsprechend, hergestellt zu sehen wünschten. Das Ideale und Allgemeine tritt in diesen Kreisen mit Nothwendigkeit in den Hintergrund; denn jenes leidet Einbusse im Kampfe um vergängliche Güter, und dieses muss der Berücksichtigung weichen, die das Individuum um so bestimmter für sich beansprucht, je erfolgreicher es zu erwerben versteht, je höher die Ausbildung seines geistigen Theiles gedeiht, je stolzer es um sich zu blicken vermag als Arbeitgeber, Mäcen und schlagfertiger Redner in der Volksversammlung wie bei dem auch durch geistigen Genuss gewürzten Gastmahl. Die Erscheinungen der Wirklichkeit möglichst treu wiederzugeben, darauf zielt die neu entstandene Dichtungsgattung des Idylls, sie treffend zu charakterisiren, das Bewunderungswürdige hervorzuheben und was schief, tadelnswerth, krankhaft, blosszustellen, das scharf zugespitzte Epigramm. Auch die bildende Kunst scheut sich nicht mehr, die Difformität wiederzugeben, wie sie dem Vorbilde eigen. Wem es nicht vergönnt ist, die Museen selbst zu besuchen, der durchblättere die Visconti'sche Ikonographie, und die Büste des buckligen Fabeldichters Aesop wird ihm zeigen, wie die Plastik von damals auch

den Leibesschaden zur Anschauung bringt und ihn mit sublimer
Meisterschaft benutzt, um dem geistigen Inhalt der Person des
Buckligen gerecht zu werden. Dass die schöne Jünglingsgestalt
des grossen Alexander durch einen schiefen Hals entstellt war, ist
bekannt, und die Kunst seiner Zeit scheute sich nicht, diesen
körperlichen Fehler zur Anschauung zu bringen; aber sie that es
in einer Weise, die sich köstlich mit der „stürmischen Bewegung"
verschmilzt, die diese Bildwerke kennzeichnet, und die so gut zu
der Erscheinung des Welteroberers passt, dessen gesammtes kurzes
Mannesleben nichts war als Vorwärtsdrängen, Niederwerfen, Ergreifen.
Wenn nun die Künstler jener Zeit den Misswuchs der Grössten
wohl zu mildern, zu höheren Zwecken zu verwerthen, ja gleichsam
zu adeln, ihn aber, um die Grenzen des Wirklichen nicht zu weit
zu überschreiten, keineswegs unberücksichtigt zu lassen wagen, so
scheuen sich die hellenistischen Maler, wo es Bildnisse einfacher
Bürger herzustellen gilt, noch weniger, solche Difformitäten unbemäntelt zur Anschauung zu bringen. Der Naturwahrheit, dem
Realismus, als dessen kühnster Vertreter Lysistratus genannt wird,
gerecht zu werden, war die Anforderung, die vor jeder anderen
an den Portraiteur gestellt wurde, und die er selbst sich auferlegte.
Das beweisen aufs Ueberzeugendste unsere Bildnisse, unter denen
eines, No. 26, zufällig einen ähnlichen körperlichen Fehler zur Darstellung bringt wie den des Alexander. Es zeigt uns einen Mann
in mittleren Jahren, dessen Hals schief gewachsen war, und der
bekannte Veveyer Arzt, Dr. Muret, dessen Wahrnehmungen hervorragende Führer der Münchener medicinischen Facultät beipflichteten,
wies uns zuerst darauf hin, dass wir es hier mit einer krankhaften
Verkürzung des Sternokleidomastoidäus zu thun hätten und der
Maler es auch trefflich verstanden habe, die bei dieser Difformität
gewöhnlich vorkommende abnorme Stellung der Augen wiederzugeben, die oft in Folge des Bestrebens zu entstehen pflege, die
durch die schiefe Haltung des Kopfes beeinträchtigte Position der
Sehnerven parallel zu stellen. Auch dem Laien fällt die Wahrheit
des Portraits dieses verwachsenen Griechen sofort ins Auge, und
dennoch hat der Künstler es verstanden, bei allem Realismus in
der Wiedergabe der Difformität sein Werk frei von verletzender
Hässlichkeit zu halten.

Nicht weniger treu als gegenüber diesem pathologisch interessanten Modell sehen wir den Maler überall verfahren. Unter den
besseren Portraits ist keines, das uns nicht mit der Ueberzeugung
erfüllte, es hier mit Bildnissen von unbedingter, sprechender Aehnlichkeit zu thun zu haben, und dies gilt ebensowohl für die Farbe
wie für die Form und den Ausdruck der Physiognomien.

Man stelle den braunen Gräco-Aegypter No. 50 mit den mannhaften Zügen, den sprechenden Augen, dem energischen Munde,
dem schwarzen Schnurr- und Vollbart neben das zarte Mädchen

mit dem weissen, rosigen Teint, No. 15, das einen goldenen Kranz im schwarzen Haar und ein kostbares Edelstein-Collier um den Hals trägt, um sich der scharfen Individualisirung und realistischen Vortragsweise unserer Maler voll bewusst zu werden. Aber man braucht zu diesem Zwecke nicht so weit auseinanderliegende Vorwürfe wie eine zarte, vielleicht durch ein Brustleiden dahingeraffte Jungfrau und einen kerngesunden Mann auf der Höhe der Jahre zusammenzuhalten. Greifen wir vielmehr mitten hinein in die besseren Bildnisse und fassen zuerst etliche Männer- und Knabenportraits näher ins Auge.

Da stehen vier Bildnisse von Bürgern, die sämmtlich die Jugend bereits überschritten. No. 31 ist ein rothbrauner Herr, dem das schwarze Haar, der Voll- und Schnurrbart noch nicht ergraute. Er war ein bis zur Wildheit energischer Mann, mit dem es sich kaum angenehm verkehrte. Heftig, zum Aeussersten entschlossen war er gewiss, und wo es zum Aufstande kam, gehörte er zu den Rädelsführern. So müssen die Aegypter ausgesehen haben, die Flavius Vopiscus im Sinne hatte, wenn er sie als stürmische, jähzornige, grossprahlerische, frevlerische Leute darstellt, die, ganz wie eitle Kinder auf Neues erpicht, sich öffentlich Spottlieder zu singen gefielen, sich mit Vers- und Epigrammmacherei abgaben und dazu mathematische Künste, Weissagerei und Quacksalberei betrieben.

Eine bessere Illustration für diese Charakterschilderung als unsere No. 31 lässt sich nicht denken, wogegen unsere No. 64, ein energischer Mann mit einigen Merkmalen äthiopischer Herkunft, dessen wir weiter unten noch einmal zu gedenken haben, den Aufruhr, an dem sich No. 31 betheiligte, wahrscheinlich als Beamter der Regierung — denn darauf deutet der Goldreif in seinem Wollhaar — kräftig zu unterdrücken verstand. No. 20 hatte die Fünfzig wohl schon erreicht. Auch sein Antlitz ist gebräunt, aber in das Haar, den Schnurr- und den nach der Mode der Zeit ziemlich kurz und in einer Linie, die dem Oval des Gesichts folgt, geschnittenen Vollbart mischen sich schon etliche weisse Haare. Vielleicht war er von semitischer — jüdischer oder phönizischer — Herkunft, und dass er sein Geschäft oder Amt klug zu leiten verstand, lehren die hellen, verständig blickenden Augen. Bei diesem Manne bedurfte es stärkerer Impulse, um ihn zum Zorn zu entflammen als bei No. 31, und es fällt uns nicht schwer, ihn als zuverlässigen Freund und guten Familienvater zu denken.

Besonderes Interesse gewann in jüngster Zeit die herrliche No. 21. Lenbach hält sie für die vorzüglichste von allen. Sie stellt einen Mann dar, der die Grenze des Jünglingsalters noch nicht lang überschritt. Das Haar fällt ihm in zwangloser, vielleicht absichtlicher Unordnung tief in die Stirn, und blicken wir in die vieler Dinge, und nicht nur der erlaubten, kundigen Augen und auf den sinnlichen schnurrbärtigen Mund dieses keineswegs unschönen, doch ruhelosen Antlitzes, so möchten wir meinen, es habe einem unnachgiebigen Herrn angehört, der sich doch nur allzu willig fügte, wenn das begehrliche Herz Befriedigung seines heissen Verlangens heischte. Diese 21 scheint uns noch mitten im Sturm und Drang zu stehen und weit entfernt zu sein von der inneren Harmonie, zu der das reifere Alter den philosophisch gebildeten Griechen führen sollte. Das Original dieses Bildnisses kümmerte sich nicht um die Stoa, ja kaum um den Aristipp, der doch lehrt, keinem Vergnügen aus dem Wege zu gehen; denn das Reflectiren war nicht seine Sache. Der hier Dargestellte stand mitten im Leben, und was es an Lust bot, wusste er leidenschaftlich und, musste es sein, gewaltthätig an sich zu reissen.

Sicher von semitischer Herkunft war das Modell, das dem weniger geschickten und geistvollen Maler der No. 44 gesessen. Von dem inneren Leben dieses reichen Mannes inmitten der Dreissiger berichten seine Züge kaum mehr, als dass er ein verschmitzter und sinnlicher Herr war. Seine schmale Stirn verbietet, ihn für einen Denker zu halten; der volle Mund aber war zum Genuss der materiellen Freuden des Daseins gemacht. Nase und Augen sind die der „Börsenmänner" aus unseren Tagen, und wie unter diesen so manche, wusste auch unsere No. 44 sich mit besonderer, stutzerischer Eleganz zu kleiden. Die Sorgfalt, die der Maler auf die Wiedergabe seines weissen Unter- und krokusgelben Obergewandes mit der grossen goldenen Schulterspange*) verwandte, mag dem Original mehr Freude bereitet haben, als die flache Behandlung seines Antlitzes ihm ärgerlich war. Es sei hier auch eines anderen Abzeichens gedacht, das die Frau No. 96 trägt. Es besteht aus einem Halbmonde, an dem an Kettchen links und rechts je ein Sternlein hängt. Es kennzeichnet die Dargestellte als Theilhaberin an den Mysterien oder an dem Cult der Isis oder einer ihr ähnlichen Göttin. Auch gnostische Abzeichen gleichen dem ihren.

Stellen wir hiernach zwei Greisenbildnisse zusammen. No. 2 ist ein alter Denker, ein stiller Gelehrter, und sollte er dem Handelsstande zugehört haben, ein ernster besonnener Leiter seines Geschäftes gewesen, der in den Musestunden einen Lieblingsschriftsteller, eher den Aristoteles oder den Zeno als den Plato oder Epikur zur Hand nahm. No. 36 ist ein Sechziger, mit struppigem grauen Vollbart, über der Nase zusammengewachsenen Brauen und grossen herausfordernd blickenden Augen. So denkt sich wohl Jedermann die cynischen Philosophen, die den äusseren Menschen geflissentlich vernachlässigten und, disputatorisch gestimmt, die Hechte im Karpfenteich des philosophischen Lebens jener Zeit waren.

---

*) Es ist keinesfalls die Agraffe, die diejenigen, denen der Ehrentitel der Verwandten (συγγενεῖς) der ptolemäischen Könige zukam, tragen durften.

Die Herren No. 4 und 22 sind (wie No. 5 und 6) wegen der Mäntel von Hyacinthpurpur, die sie auf der Schulter tragen und wegen des Diademes, das ihnen (wie No. 61) das Haupt schmückt, jedenfalls für hohe Würdenträger zu halten. No. 22 trägt, wie schon erwähnt ward, die Agraffe am Mantel, mit der die ptolemäischen Könige die hohen Herren ehrten, die den Titel ihrer „Verwandten" führten. Die Haar- und Barttracht ist bei allen gleich, und könnte diejenige sein, die wir „den Garten" nennen hören. Voll- und Schnurrbart sind kurz gehalten, und unter der Unterlippe liess das Rasirmesser gern jenes Büschelchen stehen, das unsere Friseure „die Fliege" nennen. No. 4 zeigt die vornehmen Züge eines jungen Patriciers im Anfange der Dreissiger mit jenem gelassenen Ausdruck, der den Begünstigten gern zu eigen wird, denen von früh an Vieles in den Schoss fällt, wonach weniger Hochgeborene oft vergeblich ringen. Dem birnenförmigen Kopf von No. 22 fehlt es gleichfalls nicht an vornehmer Ruhe, doch spricht aus den Augen ein lebhafterer Geist. War der Mann, den dieses Bildniss darstellt, ein hoher Beamter, so ist seiner Aufmerksamkeit wenig entgangen, und es wird nicht rathsam gewesen sein, ihm zu widersprechen. Ueber das Wehrgehänge an dem Purpurmantel siehe Seite 44 ff. Das auf Goldgrund gemalte, gleichfalls mit einem reichen Golddiadem geschmückte Bildniss No. 61 erinnert uns an verschiedene Kopten, denen wir am Nil begegneten. Sein Original könnte also von ägyptischer Herkunft sein, und der Ausdruck der Züge beweist, dass ihm das Leben schwerere Hindernisse bereitete als den anderen Diademträgern, die neben ihm bestattet wurden, ja, dass er manches Bittere gekostet. Wir wiederholen, dass zu den den Ptolemäerkönigen am nächsten stehenden Beamten und Höflingen, die den Titel von „Verwandten", „Freunden" und „Tischgenossen" etc. der Herrscher führten, wie die Inschriften etc. beweisen, auch Männer aus der Provinz und sogar aus Cypern gehörten.

No. 27 und 47 zeigen uns Knaben, die, der Schule noch nicht völlig entwachsen, doch schon, wenn auch vergeblich, nach dem ersten Bartflaum auf der Lippe suchen; aber wie sind sie so grundverschieden in jeder Hinsicht! No. 27 ist der tief brünette Sohn reicher, vielleicht fürstlicher Eltern ägyptischer Herkunft; denn goldenes Laubwerk durchzieht sein rabenschwarzes Haar. Trotz und Sinnlichkeit wohnen ihm auf den vollen Lippen, selbstbewusst blicken die grossen dunklen Augen, und hat auch sein Bildniss manche Schädigung erfahren, vergönnt es uns doch, uns in die junge, noch von keinem Todesgedanken getrübte, den Freuden seines Alters geneigte und schon von manchem Genuss gesättigte Seele des Vorbildes zu versetzen. Ganz anders die No. 47! Sie zeigt ein hell gefärbtes Antlitz mit schlichtem über der Stirn gerade geschnittenem Haare. Weichere gebildete Knabenzüge lassen sich kaum denken, und doch war dieses junge Menschenkind nicht

leicht zu lenken; denn der festgeschlossene Mund mit den dünnen
Lippen deutet auf zähen Willen. Seinem Erzieher mag es hart
angekommen sein, diesen Zögling zurecht zu weisen; denn es breitet
sich etwas wie leise Wehmuth über das ganze liebe, echt griechische
Antlitz, ja man möchte glauben, diese zarte Menschenknospe habe
ihr frühes Ende geahnt. Waren diese Portraits auch dem Familienzimmer entnommen oder Copien von Bildnissen aus demselben, so
konnten die Dargestellten doch kaum viel älter gewesen sein, als
sie starben; denn hätten sie ein weit höheres Alter erreicht, wären
sie bei der vornehmen Geburt, wenigstens von No. 27, wahrscheinlich als Jüngling oder Mann wieder gemalt worden. No. 27 hätte
sich nimmer herbeigelassen, der Liebling eines älteren Mannes zu
sein; No. 47 lässt sich recht wohl als Bathyllos eines Anakreon
denken.

Frauenportraits. Würdigung. Augen und Augenschminke. Die schönsten Jungfrauen No. 45 und 8. Schlussbetrachtung.

Und nun die Frauen! An ihnen bewähren unsere Künstler
ihre ganze grosse Meisterschaft und zeigen uns Typen von denk-
bar schärfer individueller Verschiedenheit und hohem Reize. Zunächst zwei Matronen No. 42 und 43. Während die erstere eine
hellenische Frau am Ende der dreissiger oder im Beginne der
vierziger Jahre darstellt, die in der Jugend sicher zu den gefeierten
Schönheiten der Stadt gehörte und mit dem vollen, fast üppigen,
wenn auch grauen Haarschmuck und den dunklen, sieggewohnten
Augen immer noch stattlich und anmuthig, selbstbewusst und entschieden genug dreinschaut, bietet No. 43 ein ganz anderes Bild.
Auch sie ist griechischen Stammes und durfte in der Jugend Anspruch auf Schönheit erheben; aber schweres Leid hat ihre Blüthe
vorzeitig entblättert und sie der Eitelkeit der Welt abwendig gemacht. Während die No. 42, wie die meisten weiblichen Vorbilder
unserer Künstler, Perlen in den Ohren und goldene Halsgeschmeide
trug, zeigt sich an No. 43 auch nicht der bescheidenste Schmuck.
Ihre Haartracht ist von äusserster Schlichtheit, und Zeugen eines
gar schweren Wehs des Leibes oder der Seele sind die weiland
schönen, jetzt so tief liegenden Augen. No. 42 ist die herrschende,
gefeierte Mutter und Hausfrau, — No. 43 eine bekümmerte Witwe,
die tiefes Leid durch den Gatten und vielleicht auch durch die
Kinder erfuhr.

Am blüthenreichsten und erfreulichsten ist der Kranz der Mädchenbilder, die so lange in den staubigen, einsamen Gräbern von Rubajjât im Verborgenen geruht. Ein wehmüthiges Gefühl beschleicht uns, wenn wir uns sagen, dass so viel frisches anmuthvolles Leben in so jungen Jahren dem Schnitter Tod verfallen musste, und um ihrer tröstlichen Kraft willen möchten wir diesen Portraits gegenüber die Vermuthung nicht von der Hand weisen, dass man die hellenistischen Aegypterinnen in der Blüthe der Schönheit, vielleicht als Bräute, malen liess, um das Famillienzimmer der Eltern oder des Gatten zu schmücken und später ihre Bildnisse oder ihre Copien an die Mumie zu heften.

Was nun den Kunstwerth dieser Portraits jugendlicher Frauenköpfe anlangt, so gehen wir sicherlich nicht zu weit, wenn wir ihnen alle Vorzüge zusprechen, die uns an den besten Werken unserer Bildnissmaler entzücken; denn wie fein sind diese Gesichter modellirt, wie scharf und anmuthig sind sie gezeichnet, wie harmonisch darf das Colorit genannt werden, obzwar die enkaustische Wachsfarbe auf den ersten Blick eine Wirkung übt, die wir befremdlich nennen möchten. Aber das, was diesen Portraits den höchsten Werth verleiht, ist die überzeugende Kraft, mit der sie uns den individuellen Charakter der dargestellten Persönlichkeit vor Augen führen. Auf das Costüm ist geringe Sorgfalt verwandt, auf die genaue Charakterisirung die allerhöchste. Welchen fesselnden Reiz üben diese sprechenden, wundervoll lebenswahren Bildnisse, wie kräftig fordern sie bald zum Entzücken auf, bald zur freudigen Billigung, bald zum Vergleich mit Typen, an denen es auch in unseren Kreisen nicht fehlt, bald zu jenem Lächeln, das uns gern auf die Lippen tritt, wenn wir ein Modell geringer Gattung in geistreicher Weise dargestellt sehen.

Es fehlen unter diesen Bildnissen nur wenige Farben aus dem Spectrum der Mädchenschönheit, und es wird uns ihnen gegenüber recht deutlich bewusst, mit wie grundverschiedenen Mitteln die Natur das freundliche und anziehende Etwas zu Stande bringt, das wir ein anmuthiges junges Frauengesicht nennen; aber sie lehren auch, wie eng sich unsere Schönheitsempfindung an die griechische schliesst; denn die reizenden Züge, auf deren Wiedergabe die hellenistischen Maler die grösste Sorgfalt verwandten, würden auch für unsere Kaulbach, Lenbach, Alma Tadema, Herkomer die willkommensten Modelle gewesen sein. Nur einem viel erwähnten Bedenken haben wir, bevor wir weiter gehen, zu begegnen.

Wenn wir vorhin das Wort „befremdlich" benutzten, so bezieht es sich nicht nur auf die enkaustische Methode der Maler, sondern auch auf das scheinbare Zugross und die bei einer Reihe auch von männlichen Portraits beinahe aufdringliche Wirkung der Augen. Wissen wir nun auch, wie nachdrücklich von den Griechen an verschiedenen Stellen die Gewalt des Auges als Spiegel der Seele hervorgehoben wird und dass die alten Aegypter bei ihren Sculpturen den Glanz des Auges hervorzuheben suchten, indem sie den Statuen solche von Feldspath und anderen Mineralien oder Substanzen einsetzten, so ist die Behandlungsweise des Auges auf unseren Bildern doch vornehmlich anderen Gründen zuzuschreiben.

Aegypten war nämlich von der frühesten Zeit an das Land der Augenschminke. Schon im mittleren Reiche (12. Dyn. am Ende des dritten Jahrtausends vor Christus) sehen wir semitische Leute solche Schminke einem Gaufürsten als willkommene Gabe zuführen. Doch sie stand bereits viel früher in Gebrauch. Virchow war der erste, der wahrnahm, dass schon im alten Reiche die colorirten Statuen ganz ähnliche schwarze Striche an den Augenlidern und in der Nachbarschaft der Augen zeigen, wie sie noch heutigen Tages von den Aegypterinnen getragen werden. So nimmt man solche an den schönen Portraitstatuen der Rahotep und der Nerfert (6. Dyn.) wahr, die in Medûm entdeckt, im Museum von Bulaq conservirt werden und der Zeit der älteren Pyramidenerbauer entstammen. Auch andere scharf individualisirte Statuen aus der Pyramidenzeit (Ranefer 5. Dyn., Bulaq etc.) haben gefärbte Augen.

Das Resultat der Virchow'schen Beobachtungen über die Art der Schminkung trifft auch für unsere Bilder zu. „Man färbte mit der Schwärze Mesdem nicht nur die Lidränder, sondern auch die Augenbrauen und führte die Striche nach der Schläfe zu, ein ganzes Stück über das Auge hinaus. Dadurch gewann das Auge nicht nur an Glanz und Schärfe der Contourlinien, sondern es wurde geeignet, die Aufmerksamkeit des Beschauers so sehr zu fesseln, dass es zum beherrschenden Bestandtheil des ganzen Gesichtes wurde. Zugleich steigerte diese Färbung die mandelförmige Gestalt der Augenspalten weit über das Natürliche hinaus.... Wie sehr der Gesammtausdruck des Gesichtes dadurch verändert wird, sieht man am besten an lebenden Frauen."

Diese Worte des berühmten Anthropologen[*] erklären das „Befremdliche" an manchen unserer Bilder, dessen wir gedachten. Der Maler gab nur wieder, was er an den Originalen wahrgenommen hatte, die sämmtlich, auch wenn sie dem männlichen Geschlechte angehörten, die Augen in der angegebenen Weise schminkten. Sie hatten keine unnatürlich grossen Augen; die Färbung der Augen aber, die ihre Contouren mächtig hervorhob und sie erweiterte, liess sie so erscheinen. Darum ist auch diese wegen ihrer Unwahrheit getadelte Eigenthümlichkeit unserer Bilder nur die treue Wiedergabe der wirklichen Erscheinung.

Fahren wir in unserer Bilderschau fort, so fällt der Blick zunächst auf No. 63 und 19. Sie stellen zwei frohgemuthe Lieblinge

---

[*] R. Virchow, Altägyptische Augenschwärze. Verhandlungen der Berliner Gesellschaft für Anthropologie etc. 26. Mai 1888, S. 211.

griechischer Häuser dar, die kaum in das jungfräuliche Alter getreten sind und auf die das englische „Sweet seventeen" trefflich passt. No. 63 war reicher und vornehmer Eltern Kind; denn ein zierlich gearbeiteter, goldener Kranz schwebt als Diadem leicht und zwanglos auf ihrem braunen Lockenhaar, und eine Schnur grosser kostbarer Perlen schmückt ihr den runden Hals. Wie offen schauen die grossen Augen ins Leben, mit wie reizender Schalkheit spitzt sich das Mündchen ein ganz klein wenig, wie vereint sich in diesen Zügen kindliche Unschuld so harmonisch mit einem wachen, lebhaften Geiste. No. 19 ist weit schlichter gekleidet, ja sie trägt gar kein Geschmeide; nur das weiche wellige Haar umgiebt das runde Köpfchen in zwanglosen, ungeflochtenen Wellen. Hinter ihrer klaren Stirn vollzieht sich das Denken wohl auch mit geringerer Schärfe als bei No. 63; aber an gesundem Mutterwitz fehlt es auch dieser lieben Menschenknospe mit nichten; er leuchtet ihr vielmehr hell genug aus den grossen dunklen Augen. Wie passt das niedliche Näschen und der korallenrothe Mund, der mit erstaunlicher Keckheit und Sicherheit des Pinsels durch wenige Striche zu vollendeter Ausführung kam — das Bild ist a tempera gemalt — in dies liebenswürdige Soubrettengesichtchen!

No. 17 und 55 stellen wir um des Gegensatzes willen zusammen. Obgleich No. 55 an Kunstwerth hinter vielen anderen Portraits zurücksteht, bringt es doch in sehr überzeugender und individueller Weise ein sechszehn- oder siebzehnjähriges Mädchen zur Anschauung. Es ist eine Hellenin, wie die feine, echt griechische Nase und die sehr helle Hautfarbe beweisen. Dies kaum erblühte Geschöpf leidet an Blutarmuth, an mässiger Bleichsucht, und die ausserordentlich geschickt verschieden gestellten Augen, das feine, keusche Mündchen, ja selbst die energielos weichen Flächen der Wangen bringen die Müdigkeit trefflich zum Ausdruck, die dieses junge Wesen häufig befiel. Das schwarze, gewellte und gescheitelte Haar ist gleichfalls, man möchte sagen, unelastisch gehalten, und die kleine Agraffe, die es in der Mitte schmückt, sieht aus, als habe sie sich dorthin verloren. Und nun die No. 17! Wenn wir sie neben die No. 55 halten, empfangen wir den Eindruck, als zucke sie die Achseln über die bleiche, apathische Freundin; denn bei ihr ist alles Leben, alles Gesundheit. Dass auch sie zu den hübschen Mädchen gehört, sie weiss es genau, aber der Ungeliebte, der ihr nachzustellen versuchte, sie würde ihm heimzuleuchten wissen! Doch sie hat sicherlich früh ihren „Valentin" gefunden; denn diesem sinnlichen Munde stand es kaum an, gar zu lang auf den ersten Kuss bärtiger Lippen zu warten. Leider hat ein böses Ungefähr ein Stück des oberen Theiles ihres Antlitzes an der linken Seite vernichtet, aber das rechte erhaltene Auge zeigt zur Genüge, mit wie derber Daseinslust dies frische, junge Wesen ins Leben schaute. Man möchte beim Anblick der markigen Färbung dieser gesunden Züge, bei dem mühsam verhaltenem Uebermuth, mit dem sie gleichsam getränkt sind, die Versicherung wagen, dass dem Leib wie der Seele dieser Jungfrau bis dahin alles fern blieb, was kränkt und weh thut. Wo es Freuden zu pflücken gab, war sie so sicher dabei, wie sie sich willig fand, im Hause die Hände zu rühren und fest mit zuzugreifen. Sie liess sich auch nicht die Mühe verdriessen, für sich selbst etwas Rechtes zu thun, um beim Feste zu den Bestgeschmückten zu gehören; denn wenn auch ihr Ohr- und Halsgeschmeide zum Mittelgute gehört, trägt sie doch das schwarze Haar in einer Weise geordnet, die viel Zeit und grosse Mühe in Anspruch genommen haben muss. Auf den ersten Blick gleicht diese Haartour einer Kappe, aus deren unterem Rande zierliche Löckchen hervorquellen; zieht man aber die No. 8 mit heran, auf der sie sorgfältiger ausgeführt ward und die dazu besser erhalten blieb, so erkennt man, dass sie aus langen Reihen von sorgfältig gedrehten kleinen Locken, die wahrscheinlich von einem Drahte festgehalten wurden, bestand, über die ein Netz gezogen war, das man wenigstens bei No. 8 mit rothen Steinen — Granaten oder Carneolen — besetzt zu haben scheint. Neben der dunklen Haut veranlasst uns diese künstliche, etwas barbarisch regelmässige Anordnung ihres Hauptschmuckes, sie für ein Mädchen von ägyptischer Herkunft zu halten, obgleich wir die Züge von No. 8, welche die gleiche Haartour trägt und auf die wir zurückzukommen haben, recht wohl für hellenisch halten dürfen. Bei unserer Ausschau nach ähnlichen Haartouren fanden wir ihnen verwandte auf altägyptischen Denkmälern und ihnen eben so entschieden gleichende an griechischen Bildnissen aus Cypern, das ja gerade in der Ptolemäerzeit in so naher Beziehung zu Aegypten stand.*) Es mag dahingestellt bleiben, ob die schönen Insulanerinnen die Anordnung des Haarschmuckes den ägyptischen Schwestern entlehnten, ob das Umgekehrte stattfand oder ob beide selbstständig auf den kunstvollen Hauptschmuck verfielen, der bei mancher an eine Perrücke zu denken veranlasst. Dem stände wenig entgegen, weil auch jüngere Männer am Nil schon sehr früh solche trugen. Es haben sich einige erhalten, die unsere Museen bewahren. An den zu Dêr el-Baḥri gefundenen Königsmumien fanden sich mehrere.

No. 12 trägt das Haar in ähnlicher, wenn auch etwas steiferer Weise geordnet. Ihr Antlitz scheint sicher den Stempel semitischer Herkunft zu tragen, und das Gleiche gilt wohl auch von No. 33 und 59. Aber wie grundverschieden sind auch diese drei Mädchengesichter! Was sie gemeinsam haben, sind die rabenschwarzen, stark gekräuselten Haare, die dunklen Augen und die für jugendliche Frauen etwas kräftig hervortretenden Nasen; aber während

---
* Cesnola, A descriptive Atlas etc. An vielen Frauenköpfen. In Cesnola, Cypern. Deutsch von L. Stern. Jena 1879 nur zwei ähnliche Frisuren. T. 30 u. 72.

wir in No. 12 ein scharf denkendes, zuverlässiges Geschöpf von ernster Sinnesart sehen, dem es doch an einer gewissen Anmuth des Geistes — dies lehrt der meisterlich ausdrucksvoll modellirte Mund — keineswegs gebrach, möchten wir No. 59 für das sorglos herangewachsene Kind eines reichen Hauses halten, das vom Leben noch alles erwartet und dem künftigen Gatten eine vortreffliche, gleichmässig gestimmte Gefährtin zu werden verspricht. In No. 33 besass sie eine Genossin, der sie es nicht immer recht machen konnte; denn der Mund dieser Jungfrau war sicherlich recht schnell mit einer wegwerfenden Bemerkung zur Hand, wie denn auch ihre Seele keineswegs zu den genügsamen und leicht zufrieden zu stellenden gehörte. Ganz anders No. 11. Diese wohl eher von semitischen als ägyptischen Eltern stammende Jungfrau hatte ein gutes, heiteres Herz, und von ihrem etwas schweren, braven Kinn und dem weichen, zum Lächeln geneigten Munde spricht uns ein wohlwollendes, munteres Gemüth freundlich entgegen. Das rechte Auge scheint sie ein wenig „verworfen" zu haben, aber zu den hässlichen gehörte sie darum gewiss nicht, und hätte ihr Aussehen auch nicht gefallen, sie wäre dennoch beliebt und gesucht gewesen; denn dass sie Jedem das Beste gönnte und es wie Wenige verstand, mit den Fröhlichen froh zu sein, das unterliegt keinem Zweifel. Darin kann es ihr freilich die No. 32 noch zuvorgethan haben. Dieser runde kleine Kopf ist uns schon irgendwo im Leben begegnet, und zwar zu guter Stunde. Zusammengewachsene Augenbrauen verleiten leicht, auf einen ernsten, ja düsteren Sinn zu schliessen, doch trotz ihrer und obgleich die Züge der No. 32 keineswegs schön zu nennen sind, erscheinen sie doch lieb, klug und heiter. Wenn No. 11 mitlachte, wo es zu lachen gab und, anschmiegend, was Andere bewegte, warmherzig theilte, so regte No. 32 die Fröhlichkeit an, und aus ihrem runden Köpflein, das die kleine über den Scheitel an einer Kette herabhängende Münze so schelmisch und darum passend schmückt, ist manche gute Anregung und vielbelachte harmlose Neckerei hervorgegangen.

Nun aber zu den Perlen der Gallerie, der No. 45 und 8! Mit Worten dem Zauber gerecht zu werden, den diese herrlichen Bildnisse auf Keinen zu üben verfehlen, fällt schwer, und wie sicher wär' ich des Dankes der Leser, wenn ich sie, statt sie mit mageren Worten zu beschreiben, vor sie hinführen könnte! Die Augen von No. 45, in die ich viel und lange schaute, gehen mir nach, und Anderen ist es ebenso gegangen. Es sind aber auch einzige Augen! Nicht als ob sie etwas Mystisches oder Dämonisches besässen, das basiliskenhaft anzieht, nicht als zwängen sie mit sieghaftem Selbstgefühl auf die Knie; o nein! Unbewusst der eigenen unwiderstehlichen Schönheit, ohne eine Spur des Bestrebens, anzuziehen oder zu gefallen, schaut dies herrliche, jungfräuliche Weib mit gelassener Ruhe dem Beschauer entgegen. Ein wie eitles Beginnen wär' es aber auch für sie, die der Bewunderung so sicher, nach Beifall zu jagen! Ausserdem breitet sich ein unbeschreiblich hoher Adel über die ganze Erscheinung. Wie die wahre Vornehmheit frei vom Dünkel, weil sie weiss, dass es ausserhalb der Möglichkeit liegt, sie anzuzweifeln, so ist dieser vielgefeierten Jungfrau nichts Herausforderndes eigen, weil ihr jede Gunst und Gabe, nach der die Gefallsüchtige strebt, ohnehin sicher in den Schooss fällt, weil für sie sich zeigen und die Herzen gewinnen, eins ist. Sie denkt nicht daran, siegen zu wollen, aber das glückliche Geschick, überall Siegerin zu sein, hebt ihr unwillkürlich mit edlem Stolz das holdselige Haupt. Wem diese unergründlichen, tiefen, schwarzen Augen mit den kühn geschwungenen, starken, dunklen Brauen und dem unsagbar reinen und unbefangenen Unschuldsblick leuchtend und doch sanft entgegenschauen, der halte das Herz fest! Und mit wie weicher Hand hat die Göttin der Anmuth selbst das Oval dieses Antlitzes gebildet, wie ist es dem Künstler geglückt, dies und den feingeschnittenen, süssen und doch mit vornehmer Zurückhaltung geschlossenen Mund nachzuformen! Das nicht krause, aber wellig gelockte, dunkle Haar der Griechen baut sich bei ihr zwang- und schmucklos zu einer hohen, höchst ansprechenden Frisur auf. Sie bedeckt ihr Schläfen und Haupt in reicher Fülle und lässt von der reinen Stirn nur ein oben anmuthig gerundetes, von zwei hochgewölbten Haarwellen gleichsam überdachtes Dreieck sehen. Die griechisch geformte, nicht zu schwache, fein modellirte Nase fügt sich harmonisch in dieses bezaubernde, überall weich gerundete und doch an keinem Theile winzige oder süssliche Antlitz. Aber die Augen — wir wiederholen es — sie beherrschen das Ganze, sie sind an diesem Firmament, an dem so viel Einzelnes schön ist, die glänzenden Sonnen, die Keiner vergisst, dem sie geleuchtet. Welch eine Jungfrau! Und gerade so, wie sie uns da von dem beinahe zweitausend Jahre alten Holzbrette anschaut, könnte sie zu jeder Zeit unter uns treten, der Bewunderung und Huldigung so sicher wie in ihren Tagen und Kreisen. So hätte Apelles sie für eine Roxane oder Galatea, so ein deutscher oder französischer Meister unserer Epoche sie für eine Philippine Welserin oder, wäre ihr wahres Bildniss nicht erhalten geblieben, für eine Königin Louise als Modell benützen können. Welchen überzeugenden Beleg für die allgemeine Gültigkeit des echt und wahrhaftig Schönen bietet dies mit den schlichten Kunstmitteln einer längst vergangenen Zeit ausgeführte Mädchenbildniss!

Nicht allzu weit hinter der No. 45 steht die No. 8 zurück, wie wenig sich auch beide im Ganzen und Einzelnen gleichen. Zwar ist ihnen das köstliche Oval des Gesichtes und die Harmonie der einzelnen anmuthig gebildeten Theile des Hauptes eigen, doch während die No. 45 von rein griechischer Herkunft ist, könnte man in der No. 8 sich recht wohl einige Tropfen ägyptischen Blutes denken; denn ihre Hautfarbe zeigt den Goldton, der den hellfarbigeren unter den Aegypterinnen eigen, die wir schon auf den frühesten Denkmälern gelb dargestellt finden, und ihre Haartour erinnert an eine ähnliche aus der Pharaonenzeit, die schwerlich unter den Griechinnen Nachahmung gefunden haben wird; entspricht doch das Convolut zierlicher Löckchen, das sie bildet und das wir schon oben „kappenförmig" nannten, sowie das mit Granaten, Carneolen oder Blutjaspisperlen geschmückte Netz, das sie umfängt, weit weniger dem hellenischen als dem ägyptischen Geschmack. Viele cyprische Damen — wir wiederholen es — fanden Wohlgefallen an einer ähnlichen Haartour. Sie ist unschön, und dass trotz ihrer das Antlitz, das die No. 8 zur Darstellung bringt, auch uns so bedingungslos wohlgefällt, spricht am beredtesten für seine ausserordentliche herzgewinnende Anmuth. Auch die Augen dieser Jungfrau verdienen gepriesen zu werden, doch wir fühlen uns versucht, die zauberische Wirkung, die ihr Bildniss übt, ebenso willig dem liebreizenden Munde zuzuschreiben als ihnen. Aus dem Blicke der No. 45 spricht ein höherer Adel, aus dem der No. 8 eine freundlichere Heiterkeit des Gemüths. Auch die Wiedergabe des zierlichen Näschens ist ein Meisterwerk. Dies übt in harmonischem Zusammenhang mit Lippen und Augen eine höchst anmuthige Wirkung und hilft uns mit voller Ueberzeugung auch an die inneren Reize des schönen, hier dargestellten jungen Geschöpfes glauben. Welch reines, freundlich gesinntes fröhliches Herz hat in der Brust dieses Mädchens geschlagen; eine wie gute, gehorsame Tochter ist es den Eltern, eine wie zärtliche Spielgenossin den jüngeren Geschwistern, eine wie hingebende, gleichmässig gestimmte Geliebte dem glückseligen Manne seiner Wahl gewesen. Starke Leidenschaften haben das sonnige Gemüth dieser Jungfrau kaum erschüttert, aber hatte sie eine zärtliche Neigung ergriffen, so liess sie nicht von ihr; denn es liegt etwas Treues, Anschmiegendes in dem Ausdrucke ihrer Züge, die uns auch lehren, dass ihr schönes Haupt mit einem schnell fassenden klaren Geiste geschmückt war. Ja in dieser Hinsicht hat sie vielleicht der Schönsten der Schönen, die wir in No. 45 kennen lernten, den Rang abgelaufen.

Hiermit schliessen wir die Betrachtung der einzelnen Portraits, wenn auch mit Bedauern; denn jedes regt an, sich in seine individuelle Eigenart zu versenken, jedes erzählt eine besondere Geschichte. Sehen wir von den ganz geringen ab, die vielleicht ärmere Bürger von „Stubenmalern" herstellen liessen, und überblicken nur die stattliche Zahl der von echter Künstlerhand ausgeführten Portraits, so sehen wir uns zunächst gezwungen, dem Erstaunen Ausdruck zu geben, dass gerade in Aegypten, dem Lande der typischen, an kanonische Regeln gebundenen Vortragsweise der bildenden Künste, Werke wie diese entstehen und auf so echt ägyptische Dinge wie

Mumienhüllen geheftet werden konnten. Aber die Ueberraschung
schwindet, sobald wir uns vergegenwärtigen, dass in hellenistischer
Zeit sowohl auf dem Gebiete der Sculptur wie dem der Malerei die
griechische Kunst es verstanden hat, zeitig mit der einheimischen
ägyptischen aufzuräumen, und dass die Gebildeten in allen das
höhere geistige Leben betreffenden Dingen sich bedingungslos an die
ihnen weit vorangeschrittene Nation schlossen, die nunmehr das
Reich ihrer Väter beherrschte. Das Griechische war in den höheren
Ständen Schrift- und Umgangssprache geworden, und hielt auch die
ländliche Bevölkerung, wie die Elsässer Bauernschaft unter der
Herrschaft der Franzosen am Deutschen, an der dem Griechischen
unverwandten Sprache ihrer Vorfahren fest, so vermischte sich diese
doch schon unter den Lagiden mit jener Fülle von hellenischen
Lehn- und Fremdwörtern, von denen das Koptische, das heisst das
Altägyptische, wie man es in nachchristlicher Zeit mit griechischen
Lettern schrieb, voll ist. Auf wissenschaftlichem und ästhetischem
Gebiete suchte der Aegypter jener Zeit, der auf jedem anderen so
zäh an der nationalen Eigenart und dem Besitz der Väter festhielt,
sich möglichst wenig von den Einwanderern zu unterscheiden, die
sich hellenischer Herkunft rühmten, und diese hatten sich, wie gesagt, dem alten Idealismus ihres Volkes entfremdet und jenem
Realismus in die Arme geworfen, der namentlich zu Alexandria
alle Kreise des materiellen und geistigen Lebens beherrschte. Aber
auch dieser Realismus besass ein Ideal, und das war die Wahrheit.
Dafür legen unsere Bildnisse ein gültigeres Zeugniss ab als irgend
eine andere Gruppe von erhaltenen Kunstwerken aus der gleichen
Epoche; denn sie sind ebenso frei von der idealen Steigerung wie
von dem Stempel des Typus, den die einer früheren Zeit entstammenden Kunstwerke dieser Art aufweisen; dazu aber zeigen
sie nicht mehr das Geringste von der durch Kanon und Norm be-
dingten Gebundenheit der altägyptischen Vortragsweise. Selbst
von der der späteren Antike so oft eigenen Absichtlichkeit halten
sie sich fern; denn die einzige Absicht, die ihren Schöpfern den
Pinsel führte, war, das lebendige Vorbild möglichst treu, wahr und
überzeugend zur Anschauung zu bringen, es, um uns des Wortes
zu bedienen, das Dannecker beim Modelliren der Schillerbüste ge-
brauchte, „lebig" zu machen. Und dies Streben erstreckte sich
nicht bloss auf die äussere Form, sondern auch auf den gesammten
geistigen und gemüthlichen Inhalt der darzustellenden Person. So
kommt es, dass jedes der guten Portraits zugleich ein Charakterbild
wurde, dass wir bei Betrachtung der besten Graf'schen Bildnisse
der Natur selbst gegenüber zu stehen meinen und aus diesen Zügen,
bei deren Wiedergabe der Künstler auch der Missbildung nicht
aus dem Wege ging, ebenso wie die Vorzüge, so auch die inneren
Schwächen und Fehler des Modells heraus zu erkennen vermögen.
Da ist — wir wiederholen es — kein Kanon, kein Stil, keine Manier,

keine ideale Steigerung, mit der man zu rechnen, von der man abzusehen hätte; nein, man darf sich dem Gesammteindrucke der Bildnisse bedingungslos hingeben, und sie sind in ihrer erstaunlichen Naturwahrheit, die doch eine edle Auffassungsweise keineswegs ausschliesst, so beschaffen, dass ihnen gegenüber kein Zweifel an ihrer Treue aufkommen kann. Trotz ihres hohen Alters und der ethnischen Besonderheit vieler, sprechen sie uns an wie Mitmenschen, denen wir in der nächsten Stunde begegnen könnten, und was da gemalt ist, fesselt uns so sehr, dass wir uns erst spät darum kümmern, wie es gemalt ward.

Dieser Frage eine eingehende Würdigung zu schenken, übernahm ein Berufenerer, der Maler Herr Donner von Richter. Es sei nur bemerkt, dass der Kunstwerth der besten Graf'schen Portraits von den tüchtigsten unter den lebenden Malern mit gleicher Wärme anerkannt wird. Meissonnier, der leider nicht mehr unter uns wandelt, von Lenbach, Adolf Menzel, Knaus und viele andere grosse Künstler zollen ihnen die lebhafteste Bewunderung, und einige von ihnen haben auch mehrere copirt. Dass sich mit Hülfe von Wachsfarbe und ihrer Verschmelzung durch die Methode der Enkaustik solche Wirkungen hervorrufen liessen, konnten wir ahnen; denn die von den Classikern den mit Wachsfarben gemalten Bildern zugeschriebene Wirkung muss sich auf Thatsachen gründen. Einen der anmuthigsten Aussprüche, die die Alten ihnen widmen, enthält eines der dem Anakreon zugeschriebenen Pägnien, in dem der Dichter seinen Freund, den Maler, auffordert, das Bild seiner Geliebten zu malen. Er soll ihr schwarzes, weiches Haar zur Darstellung bringen und, giebt es das Wachs nur her:

„Auch den Myrrhenduft, der es umwebt,
Und ihm, wie sein Odem, entschwebt."

Diese Verse erinnern an unsere No. 45, deren welliges Rabenhaar kaum ohne duftendes Salböl gedacht werden kann. Wir trennen uns schwer von diesen alten und jungen Menschen, die an der Begräbnissstätte am Hafen von Kerke und an der in der Nähe des Labyrinths beim heutigen Hawâra zusammenkamen. Die Gemüthsregung, die ihre Mumien mit Bildnissen schmückte, ist sehr alt und vom eigentlichen Aegypten auf die Oasen übergegangen, wo man die Mumien statt mit gemalten Tafelbildern mit Portraitbüsten schmückte (S. 30 ff.). Auch in unserem „fin de siècle" ist sie mächtig geblieben, und zwar besonders in Italien; denn wie man in den Camposantos und Friedhöfen daselbst die Statuen, Reliefbilder und Büsten der Verstorbenen in oft geradezu abschreckend realistischer Ausführung zur Schau stellt, schmückt man häufig auch bescheidene Grabhügel mit den Photographien derer, die unter ihnen ruhen. Wie fern hat wohl den hellenistischen Griechen, die diese Bildnisse für liebe Verstorbene herstellen liessen, der Gedanke gelegen, dass sie zweitausend Jahre später den Barbaren im unwirthlichen Norden willkommene neue Aufschlüsse über das Kunstvermögen der Maler ihrer Zeit liefern und sie anregen würden, aus dem Aussehen der Dargestellten auf ihr Seelenleben zu schliessen.

Ergebniss

mit Berücksichtigung der Mittheilungen und Ansichten Flinders Petrie's.

Die Hauptresultate unserer Untersuchungen sowie der Flinders Petrie'schen Ausgrabungen zu Hawâra fassen wir zum Schlusse in den folgenden Sätzen zusammen.

Die Nekropole, der die meisten Graf'schen Bildnisse entstammen, gehörte zu dem griechisch-ägyptischen Hafenorte Kerke im Fajjûm. Die durch Flinders Petrie etc. nach Europa gebrachten wurden auf dem Friedhofe von Hawâra gefunden, der nun sicher als die Stätte bezeichnet werden darf, auf der sich einst das Labyrinth erhob und in deren Boden Leichen vom mittleren Reiche an bis in die Epoche der Römerherrschaft beigesetzt wurden.

Am Ende der Lagidenzeit scheint die Nekropole von Kerke von den Arsinoïten fleissiger benutzt worden zu sein, während unter den Römern die des näheren Hawâra doch wohl von den Bürgern dieser Stadt den Vorzug erhielt.

Die Bestatteten sind grösstentheils hellenistische Aegypter von griechischer Herkunft, doch befinden sich unter ihnen auch griechisch-ägyptische Mischlinge, Römer, Leute mit äthiopischem Blut und eine ziemlich grosse Anzahl von Semiten, — Juden und Phönizier.

Die Portraits sind ursprünglich für das Familienzimmer hergestellt worden. Einige wurden ihm direct entnommen, um an die Leiche befestigt zu werden, die meisten aber scheinen von den al fresco an die Wand des Tablinum gemalten Bildnissen auf Tafeln von Cypressen- oder Sykomorenholz übertragen worden zu sein.

Sämmtliche Portraits sind sicher von und für Heiden gemalt worden.

Die Zeit ihrer Herstellung beginnt im zweiten Jahrhundert vor Christus, wahrscheinlich in seiner Mitte, vielleicht auch erst an seinem Ende unter den Ptolemäern und kommt allerspätestens mit den Edicten des Theodosius in den letzten Jahrzehnten des vierten Jahrhunderts nach Christus zum Abschluss.

Leider ging uns Flinders Petrie's Bericht über die bei Hawâra von ihm ausgegrabenen Portraits erst nach dem Abschluss dieser Betrachtungen zu.*) Er möchte sämmtliche Bildnisse, die er daselbst entdeckte und von denen die besten jetzt zu Bulaq und im Nationalmuseum zu London conservirt werden, in die Römerzeit setzen. Den meisten gegenüber ist er auch im Rechte; vielleicht wird er sich aber nach den angeführten Gründen bequemen, die ältesten mit uns in das zweite Jahrhundert vor Christus zu setzen. Seiner Vermuthung, dass die sorgfältig ausgestatteten Gesichtermumien, bevor man sie in der Nekropole einscharrte, in einem Raume des Hauses aufbewahrt worden seien, schliessen wir uns gern an; denn sie erklärt die sehr nachlässige Beerdigung von Leichen, für deren Ausstattung man grosse Opfer gebracht hatte. Die nächsten Hinterbliebenen bewahrten sie wohl pietätsvoll in ihrer Nähe; spätere Nachkommen aber gewannen Raum für neue Leichen, indem sie die ältesten in die Todtenstadt brachten und sie dort flüchtig im Sande vergruben. Erst bei der Ueberführung auf den Friedhof wurden sie mit Etiketten versehen, und da wohl noch die gleiche und die folgende Generation den Mumien der Lieben, deren Züge sie sich gegenwärtig zu erhalten und deren Ka (Genius) sie Ehrfurcht zu erweisen und zu räuchern wünschten, einen Platz in der Todtenkammer neben dem Wohnhause gönnten, werden die Etiketten erst ziemlich lange nach dem Hingang derer, an deren Leichen man sie vor dem Transport befestigte, mit der Inschrift versehen worden sein. Es ist also anzunehmen gestattet, dass viele Etiketten erst zwei oder noch mehr Menschenalter nach der Herstellung der Bilder mit Aufschriften versehen worden sind.

Auch in die Erbbegräbnisse von Rubajjât-Kerke werden die Mumien wahscheinlich ziemlich lange nach ihrer Herstellung beigesetzt worden sein, um sie erst daheim zu verehren.

Die Bestattungsweise der Todten bleibt unabhängig von politischen Ereignissen, und was auf diesem Gebiete spät-ptolemäisch, was römisch, zu unterscheiden, ist nur möglich, wenn das Urtheil sich nicht allein auf einen allgemeinen Eindruck, sondern auf die genaueste Betrachtung auch der kleinen Einzelheiten an den Bildern etc. gründet. Die von Petrie bei den Leichen gefundenen Amulete erheben die Meinung, dass alle Gesichtermumien die sterblichen Reste von Heiden umschliessen, zur unumstösslichen Gewissheit. Unser terminus ad quem stimmt mit dem seinen, den er unbegründet lässt (die Zeit Constantins des Grossen, † 337), ziemlich genau überein.

*) Ausser auf Flinders Petrie's schwerer zugängliche grössere Werke verweisen wir den Leser auf das von der religious tract society veröffentlichte höchst anregende Büchlein desselben Autors: Ten years' digging in Egypt. 1881—91. London 1893, S. 81 ff. Ueber die Gesichtermumien. S. 97 ff.

Dafür, dass die Reihe unserer Bilder, die die besten umschliesst, in der Lagidenzeit hergestellt worden sei, zeugen Urkunden, die mit unumstösslicher Gewissheit bestätigen, dass schon im zweiten Jahrhundert vor Christus hellenistische Aegypter von griechischer Herkunft sich in ägyptischer Weise mumisiren und bestatten liessen. Es geht ferner hervor aus dem Kunstwerth vieler Portraits.

Drittens kann die realistische Vortragsweise der besten und darum wohl auch ältesten, kaum in eine andere Zeit gesetzt werden, als das zweite Jahrhundert vor Christus. Sie in eine viel frühere oder beträchtlich spätere Epoche der hellenistischen Kunst einzureihen, scheint unmöglich.

Derselbe Realismus, den diese Bilder zeigen, tritt uns wie in der Kunst so auch in der Wissenschaft und dem gesammten Leben der angeführten Zeit in einer Weise entgegen, die uns nöthigt, sie für die der Entstehung unserer Portraits zu halten. Eben diese Entstehung liesse sich in nachchristlichen Jahrhunderten so schwer erklären, wie sie sich nicht zu lange nach der vollendeten Verschmelzung des ägyptischen und hellenischen Wesens in Alexandria als natürlich erweist. In der von Flinders Petrie für die Entstehungszeit unserer Portraits angenommenen Epoche befand sich gerade die Malerei entschieden im Rückgang und war darum keineswegs für Neuerungen, wie die uns beschäftigende, geeignet.

Unsere Zeitbestimmung wird ferner bestätigt durch einzelnen Bildern eigene Besonderheiten.

Diejenigen, welche die „Jugendlocke" an der Seite des Hauptes von Erwachsenen zeigen, stellen doch wohl Söhne der „Verwandten des Königs" dar, die nachgewiesenermaassen zum Hofhalt der Ptolemäer gehörten und nicht selten in der Provinz heimische Männer, auch ägyptischen Blutes, in leitender religiöser, politischer oder militärischer Stellung zum Vater hatten.

Die vier einzigen in der Nekropole von Kerke (Rubajjât) bestatteten Würdenträger, die Mäntel von Hyacinthpurpur und das Schwert an Wehrgehängen, die mit goldenen Buckeln versehen sind, entgegen der römischen Sitte, die es rechts zu führen gebot, an der linken Seite tragen, können zu keiner anderen Zeit als in der der Lagiden gelebt haben und gemalt worden sein.

Endlich bestätigen unsere Zeitbestimmung auch den unseren verwandte Bildnisse, die sich anderwärts fanden sowie gewisse Verordnungen in den Edicten des Theodosius.

Sehr viele der zu Hawâra und manche der bei Rubajjât gefundenen Bildnisse wurden in der Zeit der römischen Kaiser gemalt. Diejenigen, die schon unter Hadrian hergestellt wurden, sind von geringerem Kunstwerthe als die besseren von Flinders Petrie, Graf etc. nach Europa gebrachten und scheinen zu beweisen, dass man, da der Archont, der sie herstellen liess, ein Mann in hervorragender Lebensstellung war, im zweiten Jahrhundert nach Christus schon weit geringere Sorgfalt auf die Mumienportraits verwandte als in früherer Zeit: auch war das Vermögen der Künstler bereits im Sinken. Viele der spätesten Portraits deuten darauf hin, dass man sich endlich begnügte, an Stelle eines wirklichen Portraits ein Bild im ungefähren Lebensalter des Verstorbenen auf den Sarg zu malen oder an die Mumie zu heften. Von den besten Graf'schen Portraits bis zu den mit Leinwand überzogenen Mumien, auf die man das Bild der Verstorbenen malte, führt ein so weiter Weg, wie etwa von den Köpfen auf guten Ptolemäermünzen zu denen auf den Solidi Constantins des Grossen.

Für die hervorragende Lebensstellung der als Gesichtermumien Bestatteten, ist ihr reicher Schmuck und die Kostbarkeit und Gestalt der Gegenstände entscheidend, die Flinders Petrie bei einigen fand. Wir weisen nur auf das schöne mit Elfenbein ausgelegte Kästchen, das eine Dame und die hohe von Sklaven getragene und mit Fenstern versehene Sänfte, die eine andere in die Todtenstadt begleitete, mit in das Grab nahm. Sie besteht nur aus Terracotta, doch sollte sie die Verstorbene auch in jener Welt ebenso vor dem Zufussgehen bewahren, wie die sogenannten Uschebtifiguren ihren Vorfahren dort die Bestellung der Felder abzunehmen hatten. Die Ueberzeugung, auf die uns die goldenen Kränze, die Perlenschnüre und Kleiderstoffe an manchen Portraits führten, werden durch diese Gegenstände bestätigt.

Für die lange Zeit der Herstellung von Gesichtermumien ist die auf beiden Seiten mit einem Bildniss versehene Tafel von ebenso entscheidendem Gewicht wie die ausserordentlich verschiedene Qualität und Vortragsweise der einzelnen Portraits.

No. 1. Rundes Steingrab

1:100

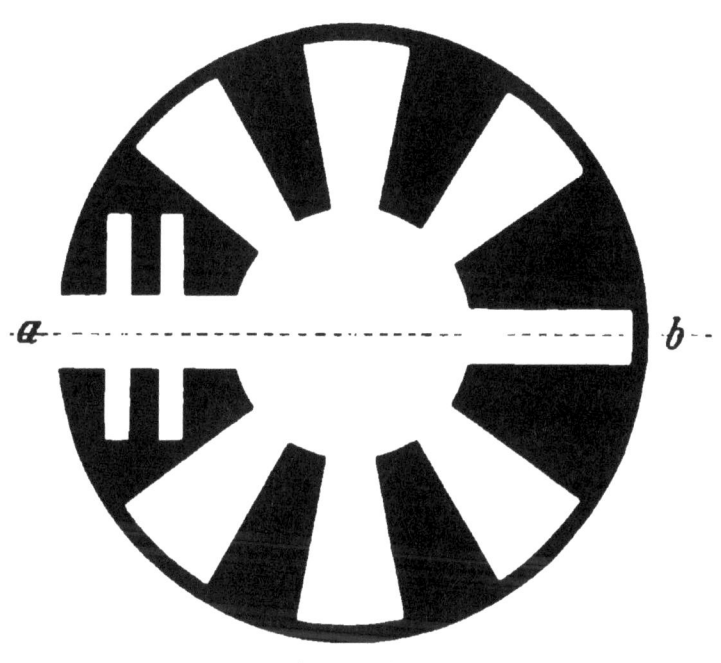

Grundriss

Schnitt nach a, b.

No. 2. Steingrab
1:200

Grundriss

Schnitt nach a, b.

No. 3. Grab aus ungebrannten Ziegeln
1:200

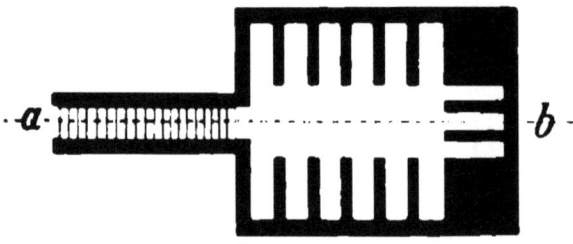

Grundriss

Schnitt nach a, b.